Frick | Zivilisiert streiten

[Was bedeutet das alles?]

Marie-Luisa Frick

Zivilisiert streiten

Zur Ethik der politischen Gegnerschaft

Reclam

RECLAMS UNIVERSAL-BIBLIOTHEK Nr. 19454
2017 Philipp Reclam jun. Verlag GmbH,
Siemensstraße 32, 71254 Ditzingen
Gestaltung: Cornelia Feyll, Friedrich Forssman
Druck und Bindung: Canon Deutschland Business Services GmbH,
Siemensstraße 32, 71254 Ditzingen
Printed in Germany 2017
RECLAM, UNIVERSAL-BIBLIOTHEK und
RECLAMS UNIVERSAL-BIBLIOTHEK sind eingetragene Marken
der Philipp Reclam jun. GmbH & Co. KG, Stuttgart
ISBN 978-3-15-019454-6

Auch als E-Book erhältlich

www.reclam.de

Inhalt

Vorbemerkung

Dieses Buch behandelt Ideen, die mich seit geraumer Zeit beschäftigen. Ihren Schliff erhalten haben sie zweifelsohne durch die Ereignisse und Entwicklungen der jüngeren und jüngsten Vergangenheit – die Polarisierung des politischen Diskurses, der Aufstieg politischer Bewegungen, die als rechtspopulistisch beschrieben werden, die Debatten um die Grenzen der Toleranz oder der Meinungsfreiheit oder den politischen Islam.

Und die Relevanz des Themas ist größer denn je. Sich auf andere Meinungen einzulassen, das gute Argument auch auf der Gegenseite zu erkennen, Andersdenkenden zuzuhören und sie ernstzunehmen, ist mit Schwierigkeiten und einiger Selbstüberwindung verbunden. Die Bereitschaft, die eigene Perspektive zu überschreiten und mit anderen in echte Begegnungen zu treten, ist in Zeiten von digitaler Abschottung und »Filterblasen«, Radikalisierung und Erosion politischer Kultur weniger selbstverständlich denn je.

Die akademische Philosophie muss in einer Zeit, in der die Schieflage des politischen Diskurses schmerzvoll vor Augen tritt und konzeptionelle Ratlosigkeit und Verwirrung die Grundlagen unserer Gemeinwesen wie »Demokratie«, »Menschenrechte«, »Pluralismus« oder »Toleranz« erfasst, einen Beitrag dazu leisten, sehr grundsätzliche Fragen zu stellen und möglichst vorurteilsfrei und allgemeinverständlich zu erörtern. Darin liegt der Anspruch der folgenden Untersuchung, vielleicht ihr Reiz, bestimmt aber auch ihr Risiko, denn es stellt sich immer die Frage, ob solch komplexe Themen in dieser Kürze und Zusammenschau in der gebührenden Tiefe durchleuchtet werden können. In diesem Sinne versteht sich dieser Beitrag auch nicht als Ersatz für das eingehende Studium der Theorien der politischen Philosophie, sondern verfolgt das vergleichsweise bescheidenere Ziel, politisch interessierte Menschen zum Denken anzuregen. Es soll ihnen nicht vordekliniert werden, *was* zu denken sei, vielmehr möchte ich zeigen, *wie* man heute über einige der wichtigsten Fragen unserer Zeit nachdenken kann, wenn man sie möglichst genau verstehen und sich in Diskussionen zu anderen Beiträgern stellen will, die ihrerseits minimalen Gerechtigkeitsansprüchen genügen.

1. Einleitung

Wir leben in ›aufgeregten Zeiten‹: Was in manchen Augen einen gefährlichen überregionalen Trend hin zu Autokratismus und Nationalismus spiegelt, erscheint anderen als erlösende Rückkehr zu demokratischer Selbstbestimmung und Vernunft. Politikverdrossenheit mag immer schon eine ungemessene Zeitdiagnose gewesen sein, da sie die Differenz zwischen der Politik als solcher und den jeweiligen politischen Funktionsträgern ignoriert. Inzwischen darf auch die Annahme, dass Menschen aus Frustration über politische Entscheidungen oder das politische System insgesamt in Apathie verfallen, als widerlegt gelten. Es wird wieder über Politik gestritten, in Familien, unter Freunden und Kollegen und nicht zuletzt in den sozialen Netzwerken. Was sagt dies über den Zustand der jeweiligen liberalen Demokratien? Ist die neue Lust an der politischen Auseinandersetzung ein Indiz für ihre Gefährdung – oder spricht sie umgekehrt für deren unbeschädigte Lebendigkeit? Welche Ideale politischer Kultur liegen den Klagen über »politische Korrektheit« oder »Hass im Netz« zugrunde? Was ist eigentlich damit gemeint, wenn nach »schmutzigen« Wahlkämpfen Rufe nach »Versöhnung« oder nach Brückenbildung laut werden?

Die folgende Untersuchung setzt zwei Einsichten an ihren Anfang, die miteinander zusammenhängen und zu einer Vielzahl von produktiven Reibepunkten führen:

Das ist zum einen die These, dass Konflikte wesenhaft zum Politischen gehören und dass die Hoffnung auf *eine* Meinung für alle bzw. Konsensideale, die dem nicht genügend Rechnung tragen, riskieren, apolitisch und im äußersten Fall un- oder pseudodemokratisch zu sein. Vorausgesetzt, dass Konflikte aus dem politischen Feld nicht wegzudenken sind, wird es demnach darauf ankommen, wie sie ausgetragen werden. Das Bild des zivilisierten Wettstreits ist dabei das Ideal politischer Auseinandersetzungen im demokratischen Kontext.

Zum anderen gibt es nun aber Arten von Konflikten, die selbst das Potenzial in sich tragen, das Politische auf eine solche Weise zu radikalisieren: Diese heben die demokratische Sublimierung von Gewalt wieder auf. Sie gilt es daher zu meiden bzw. schon in ihrem Entstehen zu bekämpfen.

Hier liegt die Kernproblematik zahlreicher aktueller politischer Debatten, und ich möchte sie zum Ausgang folgender Fragestellungen nehmen:

- Was könnte es bedeuten, den Streit und nicht den Konsens als Wesensmerkmal demokratischer Politik ernstzunehmen?
- Was würde es bedeuten, Möglichkeiten und Formen des gerechten Umgangs mit politisch Andersdenkenden besonders aus philosophischer Perspektive zu durchleuchten?
- Was schulden wir dabei dem Gegenüber, was uns selbst?
- Was muss eine auf Grundrechte hin orientierte demokratische Ordnung aushalten, und was nicht?

Aus den Erörterungen dieser Fragen sollen, so der Anspruch, Grundzüge einer Ethik der politischen Gegnerschaft sichtbar werden.

Ein solcher Brückenschlag von politischer Theorie zu politischer Ethik findet sich in Ansätzen bereits in einzelnen Werken der zeitgenössischen Philosophie, sie bedürfen jedoch weiterer Vertiefung und systematischer Bearbeitung, sowie auch der Vernetzung mit verwandten Ansinnen etwa im Bereich der Moralpsychologie.[1] Dieser Text will ein erster Schritt auf diesem langen Weg sein.

Zwei Fragen sind in diesem Zusammenhang von besonderem Interesse:

1. Welchen Sinn hat es, ethische Überlegungen an einen Bereich heranzutragen, dessen Eigenlogik gerade nicht nach Kriterien des gerechten Handelns ausgerichtet ist, sondern vielmehr die Maßstäbe des richtigen, d. h. effektvollen Tuns im Sinne des Machterhalts und -gewinns ins Zentrum stellt?
2. Eine Ethik der politischen Gegnerschaft ist zunächst nicht mehr als eine Ethik für einen bestimmten Bereich, eben eine Bereichsethik. Sie wendet Methoden der philosophischen Ethik auf ein Teilgebiet der normativen Ethik an und fragt danach, was dort das Gute bzw. gerechte Handeln ist. Doch was sind ihre Maßstäbe? Und wie kann sie diese für den Bereich politischer Auseinandersetzungen sinnvoll zur Anwendung bringen, ohne sich nicht in vorgelagerten Konflikten darüber, was das Gute sei, heillos zu verstricken?

Darüber, inwiefern Macht oder Gerechtigkeit in der Sphäre der Politik bestimmend sind bzw. sein sollen, sind realistische und idealistische Zugänge bekanntlich sehr unterschiedlicher Ansicht. Es geht mir auch aus diesem Grund nicht darum, sich für eine Seite zu entscheiden und etwa einem Idealismus das Wort zu reden, der an politische

Auseinandersetzungen von außen ethische Maßstäbe heranträgt, die letztlich doch einer mehr oder weniger privaten Moralvorstellung entsprechen. Vielmehr möchte ich dafür argumentieren, dass innerhalb liberaler Demokratien, die sich zur Wahrung von Grund- und Menschenrechten verpflichten, bereits eine Basis für eine minimale politische Moral vorliegt, die es im Rahmen ethischer Erörterung auszudeuten gilt.

Der Rahmen für die folgenden Ausführungen soll demnach im Sinne einer möglichst großen Transparenz unter Verweis auf die Konzepte »Demokratie und Menschenrechte« offengelegt werden. Dass es sich dabei um einen sehr weiten Rahmen handelt, erklärt sich daraus, dass sich die Konzepte »Demokratie« und »Menschenrechte« nicht von selbst verstehen. Suchen wir nach konkreten Handlungsanleitungen, genügt es nicht, solche Anleitungen lediglich zu beschwören. Ich möchte daher vorbereitend darlegen, was im Folgenden unter Demokratie und Menschenrechten verstanden wird, um die normativen Ableitungen, die für die behandelten Fragestellungen fruchtbar gemacht werden sollen, dann leichter nachvollziehbar zu machen.

1.1 Demokratie

Um den Begriff »Demokratie« genauer zu definieren, ist es zunächst wichtig, sich vor Augen zu führen, dass Demokratie sowohl eine *materiale* als auch eine *formale* Dimension aufweist. Erstere betrifft die Souveränitätsfrage: Wer ist dazu befugt, Gesetzte zu erlassen und auf deren Basis politische Macht auszuüben? Ihr eigentümliches Wesen erhält die demokratische Ordnung eines politischen Gemeinwesens dadurch, dass sie – anders als konkurrierende Konzepte wie etwa Theokratie: Gott; Aristokratie: die Besten; Epistemokratie: die Weisen; Erbmonarchie: eine Dynastie – die Souveränität bei *allen* seinen Mitgliedern verortet. Das Prinzip der Volkssouveränität bildet den materialen Kern der Demokratie. Die souveräne Gleichheit der Mitglieder eines demokratischen Gemeinwesens macht sie gleichzeitig sowohl zu Mitautoren als auch Mitadressaten der von ihnen geschaffenen Gesetze. Es ist wichtig, angesichts beträchtlicher Diskrepanzen zwischen Theorie und Praxis – wie etwa Einflussnahme durch Lobbys, Richterrecht oder Parteiendemokratie – darauf hinzuweisen, dass es sich bei diesem Aspekt der Definition von Demokratie um ein Ideal und nicht um eine Beschreibung der Realität handelt.

Aus der materialen Dimension von Demokratie leiten sich wiederum formale Aspekte ab, denn die Bestimmung, wo bzw. bei wem Souveränität liegt, sagt uns noch wenig darüber aus, wie sie ausgeübt werden soll. Das Volk (*demos*) – das nicht schon gleichzusetzen ist mit einem völkisch gefassten *ethnos* –, hat dann aber keine individuelle Entität, sondern ist die Summe der einzelnen politischen Subjekte. An die Souveränitätsfrage schließt sich also die Verfahrensfrage an: Wie soll sich das Volk selbst regieren, wenn nicht erwartet werden kann, dass alle mit einer Stimme sprechen?[2] Unter der Voraussetzung, dass man die gleiche Souveränität der Mitglieder eines demokratischen Gemeinwesens als Ausgangspunkt wählt, kann nur das Mehrheitsprinzip die Antwort auf diese Problematik sein. Wo der Wille des Souveräns nicht einheitlich ist, ist der Mehrheitswille maßgeblich.

Die abstrakte Fassung des Volkes als Souverän stellt uns jedoch vor eine weitere Herausforderung: Weder ist das Volk einheitlich in seinem Willen, noch konstant stabil hinsichtlich seiner Mitglieder. Menschen werden geboren, sterben, treten unter Umständen hinzu, treten aus. Das Volk zu einem bestimmten Zeitpunkt ist also niemals identisch mit dem Volk zu einem beliebigen anderen Zeitpunkt. Echte Volkssouveränität ist daher auf *wiederkehrende* Willensfeststellungen angewiesen.

Die materiale Dimension der Demokratie ist auch Ausgangpunkt für eine weitere entscheidende Komponente des demokratischen Prinzips, nämlich die Rechte der Minderheit. Wenn alle Mitglieder des *demos* gleichermaßen souverän sind, dann erwächst daraus jenen, die zu einem bestimmten Zeitpunkt Teil einer demokratischen Mehrheit sind, die Pflicht, gemäß dieser prinzipiell gleichen Souveränität stets diejenigen zu behandeln, die in demokratischen Entscheidungen unterliegen.

Ein mit dem Konzept der Demokratie verbundener – und in den Augen ihrer Fürsprecher entscheidender – Aspekt wurde hingegen noch nicht genannt, nämlich die Absage an Gewalt als Methode der Willensfeststellung. Ist diese Verfahrensfrage durch die Souveränitätsfrage bereits mitbeantwortet? Das scheint weniger deutlich als es die weitverbreitete Verbindung von Demokratie und Gewaltverzicht nahelegt. So wäre es denkbar, die gleiche Souveränität so zu deuten, dass sie – vergleichbar den Regeln des Schachspiels, bei dem sich alle Figuren wechselseitig schlagen können, nur nicht die Könige – per se die Möglichkeit ausschließt, dass Souveräne einander Gewalt antun. Das Gewaltverbot wäre dann ebenfalls eine Erweiterung der materialen Dimension der Demokratie. Man könnte andererseits aber auch den Standpunkt vertreten, dass der gleichen Souveränität dann Genüge getan wird, wenn sich alle Mitglieder des *demos* unter Bedingungen der Waffengleichheit bereit erklären, sich die Köpfe einzuschlagen und am Ende zu zählen, wer überlebt hat. Gegen eine solche Lesart, entsprechend der gleiche Souveränität und die Anwendung von Gewalt keinen Widerspruch darstellen, kann man wiederum anführen, dass dies zwar theoretisch der Fall sein mag. In der Praxis jedoch, wo niemals ideale Voraussetzungen für so eine Duell-Situation gegeben sein dürften, bestünde die einzig sinnvolle Möglichkeit, souveräne Gleichheit zu denken, im absoluten Verzicht auf physische Gewalt. Auf diese Weise folgte dieser Verzicht nicht unmittelbar aus der Volkssouveränität selbst, jedoch aus einer reflektierten Abgleichung theoretischer Voraussetzungen und praktischen Bedingungen ihrer Möglichkeit.

Zusammengefasst: Das demokratische Prinzip basiert auf der Souveränität aller Mitglieder eines politischen Gemeinwesens zu gleichen Teilen, deren Willen wiederkehrend nach dem Mehrheitsprinzip bestimmt und unter Berücksichtigung der Rechte demokratischer Minderheiten realisiert wird. Noch nicht entschieden ist hingegen, ob die Willensäußerung des Volkes vermittelt (repräsentative Demokratie) oder unvermittelt (direkte Demokratie) oder in Form einer Kombination beider Varianten erfolgen soll. Dies ist eine Frage, an der sich innerhalb eines demokratischen Grundkonsenses politische Konflikte (um die richtigen Mittel zur Errichtung bzw. Sicherung einer demokratischen Ordnung) entfalten. Dasselbe gilt auch für die Frage, in welchen Abständen der (Mehrheits-)Willen des Volkes ermittelt werden soll. Ebenfalls offen für politische Meinungsunterschiede ist zudem die Frage, wer überhaupt zum *demos* gehören soll.

Diese Offenheit des Konzepts der Demokratie – gleichwohl auf Basis des so herausgearbeiteten Kerns – führt nicht nur zu einem gewissen Spielraum für legitime Meinungsunterschiede, sondern erklärt auch die konzeptionellen Spannungen, die der Demokratie immer schon eingeschrieben sind.

1.2 Menschenrechte

Für ein genaueres Verständnis, wie Menschenrechte als Referenzkonzept für eine Ethik politischer Gegnerschaft dienen können, ist zudem eine Differenzierung zwischen *Grundrechten* und *Bürgerrechten* grundlegend. Grundrechte sind Ansprüche von allen Menschen auf dem Territorium eines bestimmten Staates. Bürgerrechte sind Ansprüche, über die nur die Mitglieder eines politischen Gemeinwesens verfügen. Grundrechte sind die Form, die Menschenrechte annehmen, wenn sie innerhalb einer staatlichen, d. h. notwendig andere ausschließenden, Ordnung verwirklicht werden. Bürgerrechte sind davon abweichend konzipierte Ansprüche, die nicht auf das Menschsein, sondern die Staatsbürgerschaft abstellen. Es werden im Folgenden *menschenrechtliche* Überlegungen Basis ethischer Beurteilungen sein, dies jedoch in einem rudimentären Sinne.

In diesem Zusammenhang ist eine weitere Unterscheidung wichtig, und zwar jene zwischen der *Idee der Men-*

schenrechte einerseits und konkreten (Listen von) Rechten andererseits. Der Kern der Menschenrechte besteht in der Festschreibung, dass es bestimmte Ansprüche gibt bzw. geben soll, die jedem einzelnen Menschen allein aufgrund seiner Zugehörigkeit zur Spezies Mensch zustehen. Man kann diese Idee auch als ein »Recht auf Rechte« denken.[3] In dieser Idee stecken somit ein bestimmter Universalismus (jeder hat ein Recht auf Recht) sowie ein komplexer Individualismus (jeder Einzelne hat ein Recht auf Rechte, und zwar gegenüber seiner Gemeinschaft, deren kollektive Interessen nicht in jedem Fall durchsetzbar sind). Beide Momente zusammen machen die *Gleichheitsdimension* sowie die *Freiheitsdimension* Menschenrechte aus.

Die Frage, welche Ansprüche dies sind bzw. sein sollen, welche als Grundrechte und welche als Bürgerrechte garantiert werden, wie weit sie reichen und wie sie sich im Verhältnis mit anderen auswirken oder ob sie unbedingt oder bedingt gelten, steht weiteren ethischen und – im Fall ihrer Verrechtlichung – politischen Entscheidungen und damit auch Konflikten grundsätzlich offen. Zwar bestehen heute eine Vielzahl regionaler und internationaler Menschenrechtsvertragswerke und sogar ein gewohnheitsrechtlich verankerter Kernbestand an ›unabdingbaren‹ Menschenrechten, wie etwa der Schutz vor Folter und Versklavung. Es kann – das demokratische Prinzip vorausgesetzt – jedoch allein die Selbstbindung einer politischen Gemeinschaft ihre Gültigkeit begründen. So kann ein demokratisches Gemeinwesen im Sinne des Konstitutionalismus und entsprechend der Idee eines Stufenbaus der Rechtsordnung sich selbst den gesetzlichen Spielraum durch Grundrechtsgarantien, denen alle nachgeordneten Gesetze zu entsprechen haben, verengen. Es wäre aber ein Irrtum anzunehmen, dass in solchen Fällen Menschen- oder Grundrechte die Demokratie gleichsam als externer Maßstab begrenzen, da auch dieser Maßstab letztlich im (qualifizierten) Mehrheitswillen seinen Ursprung hat.

Rückt man die Idee der Menschenrechte in den Fokus, ergibt sich wie bereits beim demokratischen Prinzip eine Minimalversion dessen, was jeder normative Bezug auf Menschenrechte notwendigerweise voraussetzt. Die aus beiden Prinzipien entwickelte Ethik politischer Gegnerschaft hat deshalb nur den Anspruch, eine ›dünne‹ Moral hervorzubringen, und zwar auch aus dem Grund, das Feld politischer Auseinandersetzungen nicht vorschnell einzuengen. Das demokratische Prinzip wird dabei dann die primäre Bemessungsgrundlage sein, wenn es sich um politische Konflikte handelt, die unter *Mitbürgern* ausgetragen werden (Abschn. 3). Die Idee der Menschenrechte wiederum wird dann bedeutsam, wenn ich anderen zwar nichts auf dem Boden souveräner Gleichheit, sehr wohl jedoch etwas unter der Prämisse geteilten Menschseins schulde (Abschn. 4).

1.3 Demokratie und Menschenrechte im Verhältnis zueinander

In welchem Verhältnis stehen nun das demokratische Prinzip und die Idee der Menschenrechte zueinander? *Historisch* gesehen sind beide in der Tat gleichursprünglich aus den neuzeitlichen Revolutionen hervorgegangen. *Konzeptionell* hingegen handelt es sich bei ihnen um durchaus eigenständige Maßstäbe, auch wenn es wichtige Überschneidungen bzw. Analogien gibt. So erhält die Idee der Menschenrechte aus dem demokratischen Prinzip selbst gewisse inhaltliche Auffüllung durch die Minderheitenrechte, die in einer funktionierenden Demokratie geschützt werden müssen. Sie sollen Waffengleichheit der gleich Souveränen, jedoch zu bestimmten Zeitpunkten ungleich Starken herstellen (Abschn. 3.3). Grundsätzlich handelt es sich aber um zwei eigenständige Konzepte, und das bedeutet in unserem Kontext auch: um zwei eigenständige Maßstäbe. An dieser Tatsache ändern auch Versuche einer harmonisierten Konzeptualisierung nichts. Wird in diesem Sinne argumentiert, Menschenrechte und Demokratie seien gleichursprünglich nicht nur in einem historischen, sondern sogar in einem sich gegenseitig bedingenden Sinne, so ist das nicht ganz korrekt. Denn es trifft nicht auf Menschenrechte im strengen Sinne zu, die ja den Anspruch haben, für Menschen als Menschen zu gelten, unabhängig davon, ob sie Teil eines (bestimmten) politischen Gemeinwesens sind oder nicht. Aus dem Argument, dass die Idee von Rechten der demokratischen Einrichtung eines politischen Gemeinwesens notwendigerweise vorausgehen muss, da sich die Beteiligten sonst gar nicht als Gleiche und Rechtsträger wahrnehmen könnten, folgt zudem noch nicht, dass Menschen- bzw. Grundrechte ›wichtiger sind‹, wie manche meinen, und quasi den demokratischen Mehrheitswillen immer schon begrenzen. Es folgt vielmehr, dass die Demokratie zwei Prinzipien, nämlich das der *Gleichheit* der sie errichtenden Menschen als handlungsfähige Subjekte und das der *Freiheit* der sich selbst zum politischen Handeln ermächtigenden Bürger, zur Voraussetzung hat, die mit der

Idee der Menschenrechte in einem Verhältnis der Familienähnlichkeit stehen. Grundreche und Demokratie oder genauer: Menschenrechte und Demokratie, sind aber keineswegs untereinander austauschbare theoretische Konzepte. Auch als Maßstäbe politischer Ethik sind sie keineswegs deckungsgleich, sondern sie stehen durchaus in einem Spannungsverhältnis zueinander. Man denke etwa an die Beurteilung von Demonstrationen, die einem Wahlausgang folgen und Missbilligung zum Ausdruck bringen sollen. Das, was durch die Meinungsfreiheit gedeckt ist, könnte hier unter Umständen als Angriff auf das Mehrheitsprinzip verstanden werden.

In Bezug auf die *Begründung* des demokratischen Prinzips und der Menschenrechtsidee will ich diese Fragen bewusst ausklammern und sie beide vielmehr als hypothetische Imperative, also als Grundnormen liberaler Demokratien voraussetzen. Es gilt dann: Wer von diesen Prämissen ausgehen und ethische Fragen betreffend der Austragung politischer Konflikte durchdenken möchte, der wird in den folgenden Kapiteln Anregungen finden. Wer diese Voraussetzungen jedoch nicht im Vorhinein teilt, der müsste an anderer Stelle noch zu überzeugen versucht werden, denn solches kann hier nicht geleistet werden.

Die folgende Untersuchung richtet sich dabei keineswegs nur an diejenigen, die politischen Konflikten in der täglichen Berichterstattung ihr Gesicht geben, also an politische Amtsträger und Parteifunktionäre. In demokratischen Gemeinwesen betreffen politische Auseinandersetzungen nämlich prinzipiell alle Mitglieder, und zwar unabhängig davon, ob wir politische Ansichten nur im Privaten, in überschaubarer oder breiter Öffentlichkeit, in traditionellen oder neuen Medien mitteilen und mit anderen austauschen, ob wir uns mit dem aktiven Wahlrecht begnügen oder auch vom passiven Wahlrecht Gebrauch machen, wie wir unsere Rollen als Journalisten, Experten verstehen, ob wir uns in der Zivilgesellschaft engagieren oder lediglich nur als Beobachter politische Auseinandersetzungen verfolgen und beurteilen.

1.4 Aufbau

Die vorliegende Untersuchung besteht aus vier Kapiteln. Das zweite Kapitel stellt das Verstehen politischer Konflikte in den Vordergrund. Als Ausgangspunkt und gleichsam Einführung in den theoretischen Hintergrund dient ein Grundriss der zentralen Ideen und Begriffe der sogenannten *agonistischen*, d.h. einer Demokratietheorie, welche die konflikthafte Natur des Politischen betont. In einem weiteren Schritt soll geklärt werden, was überhaupt ein politischer Konflikt ist und welche Arten politischer Konflikte sich voneinander unterscheiden lassen. Eine zentrale These lautet dabei, dass solche Differenzierungen entscheidend sind für das Verständnis der eigenen Position im Verhältnis zu anderen, aber auch, dass solche Differenzierungen selbst bereits Teil politischer Auseinandersetzung bzw. von Antagonismen sein können. Daran schließt sich die Untersuchung der Frage an, ob und gegebenenfalls wie politische Konflikte gelöst werden können. Ich versuche dabei zu zeigen, warum letztlich nicht alle politischen Konflikte aufgelöst werden können – auch nicht unter Rekurs auf »unstrittige« Tatsachen.

Das dritte Kapitel diskutiert, wie politische Konflikte am besten ausgetragen werden. Im Anschluss an eine grundsätzliche Erörterung der Frage, welche ethischen Faktoren bei der Bildung der eigenen politischen Meinung zu berücksichtigen sind, werde ich versuchen, das Ideal zivilisierter Gegnerschaft auf aktuelle Herausforderungen liberaler Demokratien und ihrer politischen Diskurse zu übertragen. Ein Schwerpunkt wird dabei auf Fragen der freien Meinungsäußerung und ihrer Grenzen liegen. In diesem Zusammenhang wird zusätzlich diskutiert, welche Rechte demokratischen Minderheiten zustehen und wie demokratische Ordnungen sich gegen antidemokratische Tendenzen zur Wehr setzen dürfen, ohne ihre eigenen Grundsätze zu kompromittieren.

In einem abschließenden Kapitel 4 wird untersucht, wie man mit politischen Feinden umgehen darf, die die Vernichtung demokratischer Ordnungen zum Ziel haben und die Menschenrechtsidee nicht nur missachten, sondern sie direkt bekämpfen.

2. Politische Konflikte verstehen

Bevor wir uns der Frage zuwenden, wie politische Konflikte am besten ausgetragen werden, müssen wir fragen, um welche Konflikte es sich überhaupt handelt. Dies scheint oft nur allzu selbstverständlich zu sein, doch ein näherer Blick zeigt rasch, wie vorschnell solch ein Urteil sein kann. Noch weniger selbstverständlich ist der Status, der Konflikten in demokratischen Kontexten zukommt. Sollen wir uns um ihre Überwindung bemühen? Und wenn ja: Welche Methoden sind hilfreich? Oder sollen wir sie in pluralistischer Manier sogar zelebrieren? Wann sind sie rational nicht weiter auflösbar und warum?

2.1 Grundriss agonistischer Demokratietheorie

Die eingangs skizzierte grundsätzliche Offenheit des Konzepts Demokratie führt zu unterschiedlichen Verständnissen davon, was Demokratie idealerweise ausmacht. Auf dem Boden der liberalen Demokratietheorie stehen sich in diesem Zusammenhang zwei Ansichten gegenüber, die ausgehend von dieser geteilten Basis jeweils eine eigene Vision gelungener demokratischer Politik entwickeln. Im Zentrum ihrer Auffassungsunterschiede steht die Bedeutung politischer Konflikte. Konkret geht es um die Möglichkeit bzw. Notwendigkeit, sie entweder in vernünftigem Konsens aufzulösen oder aber als Meinungsverschiedenheit im kultivierten Dissens auszutragen. Erstere Auffassung verkörpern deliberative Demokratietheorien. Sie akzeptieren zwar, dass die liberale Demokratie grundsätzlich von widerstreitenden individuellen Interessen geprägt ist und teilen das Ziel, diese in möglichst faire Ergebnisse zu übersetzen. Sie betonen jedoch die Bedeutung von prozeduralen Sicherungen bzw. ›Interessensfiltern‹. Im Rahmen des vernunftorientierten, öffentlichen Austauschs von Argumenten (*Deliberation*) soll ein Ausgleich zwischen den scheinbar unversöhnlichen Interessengegensätzen erreicht und die Perspektiven der einzelnen politischen Subjekte zugunsten einer stärker gemeinschaftsorientierten Perspektive erweitert werden. Je nachdem, ob sich solche deliberativen Verfahren tendenziell stärker auf die Errichtung von Institutionen beziehen oder aber auf politische Entscheidungen allgemein, kann man von *strukturellen* und *substanziellen* Theorien deliberativen Demokratie sprechen.

2.1.1 Kritik an deliberativen Modellen

Ein Beispiel für einen eher strukturellen Ansatz, der sich auf *Prinzipen* der Gerechtigkeit bezieht, die die Strukturen einer Gesellschaft bestimmen, findet sich in der politischen Philosophie John Rawls. Er knüpft an die neuzeitliche Vertragstheorie bzw. den Kontraktualismus an und schlägt ein Gedankenexperiment vor, das uns einlädt, hinter den »Schleier der Unwissenheit«[4] (»*veil of ignorance*«) zurückzutreten. Damit ist die bewusste Ausklammerung all dessen gemeint, was uns zu Individuen mit bestimmten Eigenschaften (Geschlecht, Alter, Herkunft, Talente, Reichtum, Gesundheitszustand, eigene Konzeption des Guten) macht, die wiederum zu unseren unterschiedlichen Interessen führen. Das ›Selbstinteresse‹ wird unter diesem »Schleier« aufgebrochen, weil im vorgestellten Zustand des

Nichtwissens die Identität des Selbst in entscheidenden Hinsichten fraglich wird. Rawls geht nun davon aus, dass die Ausblendung individueller Eigenschaften zu einer Übereinkunft (Vertrag) in unseren Interessen führen muss, und zwar dann, wenn wir ohne zu wissen, wer wir in dieser Gesellschaft sein würden, die Grundordnung einer fairen Gesellschaft festlegen müssten. Würden wir, ohne dessen sicher sein zu können, zu den Begüterten zu zählen, die Interessen der Unterprivilegierten nicht zumindest ansatzweise in unseren Präferenzenhorizont einbeziehen? Und würden wir, ohne dessen sicher sein zu können, mit der jeweiligen ›richtigen‹ Hautfarbe geboren zu werden, rassistische Dünkel nicht von Anfang an abgelegt haben? Rawls schreibt:

> »Rassen- und Geschlechtsdiskriminierung setzen […] notwendig voraus, daß einige eine bevorzugte Stellung im Gesellschaftssystem innehaben […]. Vom Standpunkt der gleichgestellten Menschen in einer fairen Ausgangssituation [des Nichtwissens] aus sind die Grundsätze ausdrücklicher Rassenlehren nicht nur ungerecht, sondern unvernünftig.«[5]

Weitreichender und damit substanzieller ist die Funktion konsensorientierter Deliberation im Denken von Jürgen Habermas. Er stellt mit seinem *Diskursprinzip* (D) an alle moralischen und rechtlichen Normen die Anforderung, dass »alle möglicherweise Betroffenen als Teilnehmer an rationalen Diskursen zustimmen könnten«[6]. Dieses diskurstheoretische deliberative Verfahren dient Habermas auch als Legitimitätsmaßstab für politische Entscheidungen. Im Zentrum steht die »Idee der freien und vernunftgeleiteten Ausbildung des gemeinsamen Willens«[7]. Unter idealen Bedingungen – alle Betroffenen sind eingebunden und es wird kein Zwang auf sie ausgeübt – würden dabei immer vernünftige Entscheidungen erzielt werden.

Es sind insbesondere die Vorstellungen von Übereinstimmung und Vernunft, an denen sich Vertreter einer sogenannten *agonistischen* (auch: »radikalen«) Demokratietheorie reiben. »Demokratische Verfahren«, moniert etwa Christoph Möllers, »werden damit zu einer Art Gedankenexperiment der Vernünftigen«.[8] Man könnte fragen, was denn an deliberativer Vernunft und Übereinkunft anstößig sei, immerhin handelt es sich doch um weitgeteilte Ideale in der Tradition der Aufklärung. Dieses ›Vorurteil‹, so könnte man die Spitze der Kritik an deliberativen Modellen der Demokratie zusammenfassen, entsprechend dem rationaler Konsens ein Ideal demokratischer Politik sei, basiert auf einer Doppelblindheit, und zwar zum einen gegenüber der Natur des Politischen, die immer schon ein Kampfplatz von Ideen und Interessen ist und die daher durch deliberative Ansätze entkernt, mitunter sogar entwertet wird, und zum anderen gegenüber der (möglicherweise) ausschließenden Wirkungsweise der Kategorien »Vernunft« oder »Vernünftigkeit«.

Ziehen wir noch einmal das Diskursprinzip von Habermas heran. Wäre es denn möglich, dass auf seiner Grundlage auch Entscheidungen getroffen werden, die uns »unvernünftig« erscheinen? Unter der Voraussetzung, dass diese Möglichkeit bejaht wird, stellt sich die Frage, ob das Kriterium für Vernünftigkeit abgeändert werden muss, und zwar relativ zu dem, was nach einschließender und freier

Deliberation als vernünftig gilt, oder aber ob das Verfahren fehlerhaft war. Im ersten Fall wäre Vernunft kein absoluter Standard mehr, im zweiten würde Vernunft selbst und nicht die freie inklusive Deliberation der Standard für legitime politische Entscheidungen. Da der Kern dieses Ansatzes darin besteht, die Entscheidungsfreiheit des demokratischen Willens gerade nicht umfassend zu denken, sondern gewissermaßen rote Linien einzuziehen, also Grenzen zwischen dem, was Menschen rechtmäßig entscheiden dürfen und was nicht, wäre ein Operieren mit einem relativierten Vernunftbegriff aus Sicht ihrer Anhänger kaum mehr befriedigend.

Das nährt die Skepsis, dass letztlich ein absoluter Vernunftbegriff zum Tragen kommen muss, der wiederum die ursprünglich geforderte Einbeziehung aller in Frage stellt. Ausgeschlossen werden darf, ja muss dasjenige, was schlechthin unvernünftig ist. Diese Vorbehalte nährt auch der von Habermas gewählte Konjunktiv »könnte«: Warum reicht es nicht zu sagen, Menschen *können* einer Entscheidung zustimmen? Weil das, was vernünftig genannt werden soll, sich nicht danach richten darf, was Menschen tatsächlich wollen, sondern vernünftigerweise wollen sollten? Die Pointe des diskurstheoretischen Modells deliberativer Demokratie liegt offenbar darin, dass nicht die erzielte Übereinstimmung anzeigt, dass eine Entscheidung vernünftig ist oder von vernünftigen Personen getroffen wurde, sondern umgekehrt »die Vernunft« der Maßstab für den ›wahren‹ Konsens ist.

Eine »radikale« Auffassung von Demokratie wird am prominentesten von der belgisch-britischen Philosophin Chantal Mouffe vertreten. Nach Mouffe ist es »nicht nur konzeptionell falsch, sondern auch mit politischen Gefahren verbunden, wenn das Ziel demokratischer Politik in Begriffen von Konsens und Versöhnung anvisiert«[9] würde. Ihr zufolge »hat der Glaube an die Möglichkeit eines universellen rationalen Konsenses das demokratische Denken auf ein falsches Gleis geführt«[10]. Denn erst dann, wenn man die Unauflöslichkeit politischer Gegensätze (also von *Antagonismen*) zur Kenntnis nimmt, könne man politisch denken.[11]

Die Frage, wer vernünftig ist, oder was vernünftigerweise gewollt werden kann, läuft immer schon Gefahr, von bestimmten Gruppen beantwortet zu werden, ohne Gegenmeinungen zu berücksichtigen, und zwar gerade deshalb, weil es sich um scheinbar unproblematische Begrifflichkeiten handelt. Wie kann aber, so fragen Kritiker des deliberativen Demokratieverständnisses, Rationalität ein Legitimitätskriterium für politische Entscheidungen sein, ohne die verschiedenen Möglichkeiten, Rationalität zu denken, gerade auch als politische Gegensätze ernstzunehmen? Das gilt besonders dann, wenn nicht bloß ein *formaler* Vernunftbegriff (Welche *Mittelwahl* ist vernünftig, um ein bestimmtes Ziel zu erreichen?), sondern ein *materialer* Vernunftbegriff (Welche *Ziele* sind vernünftig?) zugrunde gelegt wird. Über das Kriterium der Rationalität, so eine Befürchtung Mouffes, werde es möglich, politische Auseinandersetzungen im eigentlichen Sinne umzudeuten, und zwar konkret in moralische Auseinandersetzungen, ohne es überhaupt zu bemerken. Die Konfrontation politischer Standpunkte werde dadurch aber nur scheinbar einvernehmlich gelöst, da sie nun als eine zwischen den ›guten‹ Kräften innerhalb des politischen Scheinkonsenses auf der einen und den ›bösen‹ Kräften, die sich dem Konsens verweigern, auf der anderen erscheinen müsse. Damit gehe die Gefahr einher, dass »der Gegenspieler nur als zu vernichtender Feind wahrgenommen«[12] und die demokratische Möglichkeit der Auseinandersetzung durch Abgleiten in rohe Gewalt zerstört werde. Zudem können nur durch Parteilichkeit, nicht hingegen durch Forderungen nach Neutralität, Leidenschaften für demokratische Politik geweckt und gefährliche Apathie gebannt werden. Aus diesem Grund setzten agonistische Modelle der Demokratie nicht auf Vernunft und Konsens, sondern vielmehr auf Vielfalt und Dissens:

> »Eine gut funktionierende Demokratie erfordert den Widerstreit demokratischer politischer Positionen. Mangelt es an diesem, so besteht die Gefahr, dass der demokratische Widerstreit durch eine Auseinandersetzung zwischen nicht verhandelbaren moralischen oder essentialistischen Formen der Identifikation ersetzt wird.«[13]

2.1.2 Das Ideal der Gegnerschaft

Zentraler Stellenwert kommt in Mouffes Denken dem Konzept der *Gegnerschaft* zu, das in Anlehnung an Carl Schmitt von dem Konzept der *Feindschaft* abgegrenzt wird.[14] Gegner tragen ihre politischen Konflikte innerhalb eines Rahmens geteilter (demokratischer) Prinzipien aus: Sie betrachten einander als legitime Kontrahenten mit grundsätzlich legitimen Auffassungsunterschieden. Mouffe hat dafür die Bezeichnung *agonistische* Konflikte (nach griechisch *agon*, der Wettkampf) gewählt, die sie von *antagonistischen* unterscheidet. Erstere nehmen eine Form an, welche die politische Gemeinschaft nicht zerstört, da die Gegner sich durch ein gemeinsames Band, wie insbesondere das Bekenntnis zum demokratischen Rahmen ihres Konfliktes, verbunden fühlen. Agonistische Konflikte werden geprägt von Dissens und Einmütigkeit zugleich, sie drücken, wie Mouffe es nennt, »konfliktualen Konsens«[15] aus. Solange sich politische Konflikte in diesem Sinne ausdrücken dürfen, so lange sei es unwahrscheinlich, dass sie gewaltvoll ausgetragen werden.

Mouffe belegte ihre Thesen schon früh am Beispiel des Aufstieges rechter Parteien, damals vor allem in Österreich um die Jahrtausendwende. Aus der Perspektive der Vernunft- und Konsensideale deliberativer Theorien müssen solche Phänomene zwangsläufig als Rückfall in die Vergangenheit oder als Aufbäumen der Ungebildeten erscheinen. Nach Mouffes Ansicht sind sie hingegen Resultate »des Fehlens einer lebhaft geführten demokratischen Diskussion in unseren Postdemokratien«[16]. Dort, wo die deliberative Theoriebasis Konflikte nicht vorsehe, weil die Vernünftigen nur mit einer Stimme sprechen können, müssen diese Konflikte, da sie zugleich auch nicht geleugnet werden können, zwangsläufig ins moralische Feld abwandern. So werde dann die Gegnerschaft zwischen den ›guten Demokraten‹ und den› bösen Rechtsextremisten‹ umso energischer ausgelebt.

Wenn Mouffe davor warnt, politische Kategorien durch moralische zu ersetzen, so verfolgt sie dabei ein doppeltes Anliegen. Zum einen sollen Sachargumente nicht leichtfertig mit moralischen Geschützen aus dem politischen Diskurs hinweggefegt, sondern auch dann kritisch behandelt werden, wenn sie schmerzvoll weit vom eigenen Standunkt entfernt sind. Zum anderen droht von unachtsamer Moralisierung politischer Meinungsunterschiede die konkrete Gefahr, politische Gegnerschaft als Feindschaft zu interpretieren, denn mit »dem Bösen« kann und darf es keinen Dialog geben. Beide Bedenken können jedoch nicht grundsätzlich dahingehend aufgefasst werden, als könnten moralische Konflikte *niemals* politische Gestalt annehmen oder im Sinne bewusster Inanspruchnahme der Feindschaftskategorie auszutragen sein.

2.1.3 Zwischenfazit

Wie sind diese gegensätzlichen Auffassungen in der Hinsicht einzuschätzen, wie politische Entscheidungen im demokratischen Kontext zu verstehen sind und wie sie zustande kommen sollen? Was können wir von der Theorie agonistischer Demokratie lernen und welche Fragen bleiben weiterhin offen? Ich werde dafür argumentieren, dass grundsätzlich beide Zugänge ihre Berechtigung haben, man sie also nicht leichtfertig gegeneinander ausspielen sollte. Entscheidend ist es, die Beiträge, die sie leisten können, um demokratische Politik zu verstehen und zu gestalten, in unterschiedliche Bereiche aufzuschlüsseln. Das deliberative Modell entfaltet seine Stärke auf der Ebene der Begründung demokratischer Strukturen. Es kann jedoch nicht auf sämtliche politische Entscheidungen innerhalb dieser Strukturen angewendet werden, ohne bestimmte Voraussetzungen absolut zu setzen, die dem demokratischen Diskurs selbst entzogen bleiben. Um politische Konflikte im substanziellen Sinne zu erfassen, ist daher der agonistische Zugang besser geeignet. Deliberative Zugänge können den gemeinsamen demokratischen Rahmen begründen helfen, den agonistische wiederum bloß voraussetzen. Jeder hätte in diesem Sinne – unabhängig davon, welche politische Position er oder sie vertritt oder auch in Zukunft noch vertreten wird – Interesse an der Errichtung demokratischer Strukturen. Dies nicht zu wollen, wäre insofern unvernünftig, d. h. gegen die eigenen aufgeklärten Interessen gerichtet, als niemand davon ausgehen kann, immer in der Position des (körperlich) Überlegenen zu sein, also in einer Position, die es erlaubt, anderen zu befehlen bzw. sie zu zwingen, etwas Bestimmtes zu tun.

Immer dann jedoch, wenn Theorien deliberativer Demokratie diesen so gesteckten Rahmen verlassen, laufen sie Gefahr, Scheinkonsense zu produzieren und das Spektrum legitimer politischer Optionen zu verengen. Ein materialer Vernunftbegriff ist niemals neutral. Von seiner Anwendung im Kontext demokratischer Entscheidungsfindung faire, d. h. nichtdiskriminierende, Ergebnisse zu erwarten, ist daher problematisch. Dass Vernünftigkeit ein bedenkliches Ausgrenzungskriterium ist, ändert jedoch nichts daran, dass die Frage des (Selbst-)Ausschlusses aus dem demokratischen Diskurs (bzw. die Reaktion darauf) auch auf dem Boden eines agonistischen Verständnisses von Demokratie wichtig ist. Die Beantwortung der Frage, wo in diesem Zusammenhang die Grenzen der Toleranz liegen, ist mit der Gegner-Feind-Unterscheidung bereits vorstrukturiert. Denn wie soll man mit jenen umgehen, die Gegnerschaft von vornherein verweigern, oder nur solange zum Schein aufrechterhalten, bis sie mächtig genug sind, den demokratischen *agon* auszuschalten, oder die die demokratische Arena gar nicht erst betreten wollen? (Abschn. 3.4 und 4).

2.2 Was ist ein politischer Konflikt?

Bei einer Beschreibung, was genau ein politischer Konflikt ist, ist die Unterscheidung in *Politik* und dem *Politischen* hilfreich. Politik ist die (Kunst der) Regelung jener Anliegen, die Mitgliedern eines sozialen Verbandes (griech. *polis*: die Stadt oder der Staat) gemeinsam sind. Das Politische hingegen benennt jenen Bereich des sozialen Lebens, in dem verschiedene Ansichten darüber aufeinandertreffen, wie gemeinsame Belange bestimmt und geregelt werden sollen. Je nach theoretischem Ansatz wird dieser Bereich als Ort der Freiheit, der Interessensverrechnung, der rationalen Übereinkunft oder der unhintergehbaren Konflikte beschrieben. Das Politische ist demnach die spezifische *Natur* politischer Konflikte, die Politik ihr *Gegenstand*.

Hinsichtlich ihres Gegenstandes lassen sich politische Konflikte abgrenzen von anderen Konfliktarten, nämlich von konkret *moralischen* (bezogen auf das Gute bzw. das gerechte Handeln), *religiösen* (bezogen auf die richtige Gottesvorstellung und die rechte Frömmigkeit) oder auch *Tatsachenkonflikten* (bezogen auf das Vorliegen bzw. die Interpretation von Sachverhalten). Die Unterscheidung zwischen Politik und Politischem hilft zu verstehen, warum auch moralische Konflikte politisch sein können, obwohl sie andere Objekte haben als genuin politische Konflikte. So werden moralische Konflikte dann politisch, wenn dasjenige, was unter gemeinsame Anliegen fällt, zumindest von einer Gruppe auch durch verbindliche Konzepte des Guten bestimmt werden will. Dasselbe gilt für religiöse Konflikte. Diese werden politisch, wenn das Gemeinsame (auch) mittels einer religiösen Identität bestimmt wird und/oder wenn Ziele des Gemeinsamen sich aus religiösen Quellen speisen.

2.2.1 Mittel und Ziele

Politische Konflikte lassen sich weiterhin dahingehend unterscheiden, was genau ihren Gegenstand darstellt, woraufhin sie sich konkret beziehen. Eine grundlegende Differenzierung besteht dabei in jener zwischen Konflikten um die *Ziele* und die *Mittel* der Politik. Zielkonflikte sind Konflikte darüber, *was* zu erreichen, Mittelkonflikte beziehen sich darauf, *wie* etwas am besten zu erreichen ist. Bei politischen Zielkonflikten kann außerdem zwischen *rahmenden* und *gerahmten Zielkonflikten* unterschieden werden: Erstere drehen sich darum, was überhaupt zu den gemeinsamen Anliegen zu rechnen ist, was privat und was öffentliches Interesse ist und worüber Gesetze erlassen werden sollen. Darunter fallen die herrschaftstheoretische Ausrichtung des politischen Gemeinwesens (Wo liegt die Souveränität?) und die Definition des Gemeinwohls ebenso wie die Fragen, ob bzw. wie die (demokratischen) Gewalten geteilt werden oder wer überhaupt das Volk bzw. *demos* ausmacht.

Beispiele für solche politische Konflikte sind jene um den Zutritt bzw. Austritt aus dem politischen Gemeinwesen, wie sie allen voran die Einwanderungspolitik und das

Staatsbürgerschaftsrecht betreffen: Wer darf unter welchen Bedingungen Teil des politischen Gemeinwesens werden? Darf man mehreren politischen Gemeinwesen gleichzeitig angehören? Ist das Konzept einer *zivilen*, d.h. einer auf keine kulturellen/ethnischen/religiösen Gemeinsamkeiten der Staatsbürger festgelegten, Staatsbürgerschaft einer *nationalen* Staatsbürgerschaft überlegen oder fehlt ihr der entscheidende soziale Kitt? Auch politische Konflikte, die mit dem Ausschluss aus der gleichen Souveränität verbunden sind, fallen unter diese Kategorie: Ist es gerechtfertigt, Kinder oder Jugendliche vom Wahlrecht auszuschließen? Haben Straftäter ihr Wahlrecht verwirkt oder geistig Beeinträchtigte denselben Anspruch auf politische Mitbestimmung wie Nicht-Beeinträchtigte?

Im Lichte dieser grundsätzlichen Optionen verwundert es nicht, dass rahmende Zielkonflikte oftmals besonders erbittert ausgetragen werden und ab einer gewissen Intensität in Identitätskonflikte übergehen. Man denke etwa an die Frage, wie ein politisches Gemeinwesen sein Gemeinwohl fasst, von dem wiederum jeder weitere Regelungsbedarf erst abgeleitet wird. Soll dem Einzelnen ein bestimmtes höheres Lebens- und Strebensziel vorgegeben werden (*substanziell-monistischer* Gemeinwohlbegriff) oder aber die politische Gemeinschaft so ausgerichtet werden, dass entsprechende unterschiedliche Ziele in einem Verhältnis verträglicher Koexistenz stehen (*formal-pluralistischer* Gemeinwohlbegriff)?

Sind solche Vorentscheidungen getroffen, werden schnell gerahmte Zielkonflikte wichtig. Sie beziehen sich darauf, was innerhalb solcher übergeordneten Ausrichtungen von der politischen Gemeinschaft anzustreben ist. Wenn zum

Beispiel Bildung als öffentliches Anliegen identifiziert wurde, und sie nicht den Individuen in freier Organisation überlassen werden soll (rahmender Zielkonflikt), stellt sich die Frage, welche Ziele genau sie erfüllen soll. Welche Lerninhalte sollen festgelegt, nach welchen pädagogischen Prinzipien soll unterrichtet werden? Oder in dem Falle, dass politische Gemeinwesen entsprechend ihrer Gemeinwohlziele die staatliche Ahndung bestimmter Verhaltensweisen vorsehen, können sich gerahmte Zielkonflikte darüber anschließen, welche Strafprinzipien zur Anwendung kommen dürfen: Soll die Abschreckung stärker im Vordergrund stehen oder aber die Vergeltung?

An all diese und beliebig erweiterbare Fragen knüpfen nun politische Konflikte um die Wahl bzw. den Einsatz der besten Mittel an. Um bei den beiden Beispielen zu bleiben: Wird als ein Bildungsziel die Entfaltung der Persönlichkeit gewählt, können die Ansichten darüber, mit welchen Erziehungsmethoden diesem Zweck am besten entsprochen wird, dennoch auseinandergehen – oder in Bezug darauf, wie die (spezielle oder generelle) Vorbeugung bestimmter Straftaten zu erreichen ist.

2.2.2 Gegnerschaft und Feindschaft

Politik wird zu einer Kunst, nicht bloß zu einer Technik, vor allem durch den Umstand, dass all diese Fragen – ungeachtet der Möglichkeiten, sie theoretisch auseinanderzuhalten – in der Praxis häufig ineinander verschränkt sind, dass also ein Bereich nicht ohne Folgen für andere Bereiche geregelt werden kann. Die Möglichkeit, diese Komplexität zu bewältigen, hängt dabei nicht allein davon ab, in größeren Zusammenhängen zu denken, sondern auch davon, eine weitere Kategorie politischer Konflikte zu berücksichtigen, die sich auf der Metaebene zutragen können und die Frage betreffen: Um welche Art Konflikt handelt es sich *eigentlich*? Worüber ist wer mit wem uneins und wo teilt man eine gemeinsame Basis?

Mit diesen Fragen rückt eine weitere Möglichkeit, politische Konflikte zu fassen in den Fokus, die sich nicht auf ihre Natur, auch nicht ihren Gegenstand, sondern auf ihre *Qualität* bezieht. Eine grundlegende Unterscheidung hier ist, bezieht man die agonistische Theorie von Politik ein, jene zwischen *Gegnerschaft* und *Feindschaft*, zwischen agonistischen und antagonistischen Konflikten (Abschn. 2.1). Auf diese Weise wird nicht die Nähe bzw. Ferne bestimmter politischer Positionen im Verhältnis zueinander ausgedrückt, sondern angezeigt, ob rahmende Zielkonflikte so tief reichen, dass keine gemeinsame Basis mehr gefunden werden kann, auf welcher sich die Kontrahenten als gleichermaßen rechtmäßige Gegenspieler begegnen können. Unter demokratischen Bedingungen werden politische Konflikte diskursiv, d. h. mit Argumenten und ohne Rückgriff auf physische Gewalt, sowie unter wechselseitiger Anerkennung der Legitimität der Kontrahenten ausgetragen. Feinde hingegen verbindet kein gemeinsames Band an (demokratischen) Wettstreitregeln. Deshalb können solche Konflikte im äußersten Fall auf einer existenziellen Ebene zu einem Entweder-oder, d. h. der ultimativen Vernichtung des Kontrahenten, führen. Die Entscheidung dafür, wann es sich um Gegnerschaft oder aber Feindschaft handelt, kann dabei selbst ein politischer Konflikt auf der Metaebene sein (Abschn. 3.4).

2.2.3 Konflikt und Disput

Ähnlich bedeutsam für das Verständnis politischer Konflikte ist der Unterschied zwischen *Konflikt* und *Disput*.[17] Letzterer kann dabei als Form verstanden werden, in der sich ein Konflikt manifestiert. Der Disput ist sozusagen das Oberflächenphänomen des unter ihm liegenden Konfliktes. Das bedeutet, dass wir Konflikte nicht immer schon dann richtig verstehen oder einschätzen, wenn wir uns nur auf der Disput-Ebene bewegen.

Ein Beispiel dafür sind die Fehleinschätzungen des sogenannten »Arabischen Frühlings«: Die Fixierung auf den wahrnehmbaren Disput, konkret in Form von öffentlichen Versammlungen und Demonstrationen etwa auf dem ägyptischen Tahrir-Platz, lenkte von der Komplexität tieferliegender Konflikte in den betreffenden Gesellschaften ab. Auch muss die Intensität eines politischen Konfliktes nicht zwangsläufig mit derjenigen seines Disputes übereinstimmen. Oft finden wir keinen (nennenswerten) Disput, der überhaupt einen Konflikt zwischen unterschiedlichen Positionen anzeigen würde, obwohl ein solcher durchaus vorliegt. Stellen wir uns zum Beispiel vor, ein Besucher aus fernen Landen wäre im Oktober 2015 in Köln Zeuge der Ausschreitungen zwischen Rechtsextremen und Islamextremen geworden. Er müsste wohl den Eindruck gewonnen haben, dass die extreme Rechte der bedeutendste Gegner des salafistischen Islams ist. Dabei ist der politische Gegensatz zwischen Teilen der politischen Linken und dem salafistischen Islam keineswegs geringer. Doch bleibt dieser Konflikt dem Betrachter des Disputs verborgen, denn dem salafistischen Islam hat sich die politische Linke bis heute nicht organisiert entgegengestellt. Dieser Konflikt schlummert, den Disput beherrschen andere.

2.3 Sind politische Konflikte lösbar?

Die Unterscheidung zwischen Disput und Konflikt hat auch Auswirkungen für die Frage, ob politische Konflikte lösbar sind. Während Dispute mittels kontingenter Entscheidungen, etwa durch Mehrheitsentscheid, beigelegt werden können, erfordert die Lösung politischer Konflikte weit mehr, nämlich eine Übereinkunft aller Konfliktparteien über die Priorität der widerstreitenden Ansprüche. Die Beispiele sind vielfältig. Betrachten wir etwa den Weg zur neuen Verfassung Tunesiens – jenes Landes, das als Ausgang des »Arabischen Frühlings« gilt und noch am ehesten die Aufbruchsstimmung in konkrete politische Reformen übersetzen konnte. 2014 gab sich Tunesien eine neue Verfassung, die nach langem Ringen von säkularen und religiösen politischen Kräften gleichermaßen akzeptiert werden konnte. Wie war das möglich? Sind die einen ›eingeknickt‹, haben die anderen beigegeben? Nicht im Geringsten. Der rahmende Zielkonflikt zwischen denjenigen, die die Souveränität in die Hände der Menschen legen wollen, und jenen, die die ultimative Souveränität in Gott verorten, kurz: die Spannung zwischen Gottesrecht und Menschenrecht, blieb grundsätzlich unberührt und zieht sich auch durch den gesamten Verfassungstext. Doch aus Rücksicht auf den so dringend benötigten sozialen Frieden und die politische Stabilität wurde von den Konfliktparteien darauf verzichtet, einen Vorrang des einen gegenüber dem anderen Ansatz auszukämpfen, wohl auch aus dem Grund, weil dies kaum ohne Blutvergießen möglich gewesen wäre. Der Disput wurde beigelegt, der Konflikt bleibt jedoch bestehen und kann jederzeit wieder zu neuen Disputen jenseits des Verfassungsprojektes führen.

Wie leicht oder wie schwer ist es, politische Konflikte tatsächlich zu lösen? Wie wir gesehen haben, verläuft eine entscheidende Scheidelinie zwischen deliberativen und agonistischen Demokratietheorien entlang des Optimismus bzw. Pessimismus, mit dem sie dieser Frage begegnen (vgl. Abschn. 2.1). Während die einen die »Vernunft« als regulative Idee verstehen, die Menschen unterschiedlicher politischer Positionen leiten und idealerweise unter ihr vereinen kann, sehen die anderen in dieser Idee lediglich den Versuch, ein parteiisches Vernunftverständnis in eine Vormachtstellung zu bringen, indem es universalisiert wird. Wie gezeigt, lässt sich die deliberative Vernunft zur Konfliktbeilegung nur eingeschränkt fruchtbar machen. Bedeutsam ist sie insbesondere auf der Ebene rahmender Zielkonflikte, denn dort geht es darum, (demokratische) Institutionen einzurichten, die vom aufgeklärten Interesse der Vertreter unterschiedlicher politischer Positionen getragen werden. Absteigend zu gerahmten Zielkonflikten und auch Mittelkonflikten nimmt ihre Kraft tendenziell ab. Bei letzteren tritt sie überhaupt nur mehr als instrumentelle Vernunft in Erscheinung. Der Schlüssel zum Verständnis dieser Diagnose, sollte man ihr denn zustimmen, liegt in den hauptsächlichen Gründen politischer Konflikte selbst, nämlich unterschiedlichen Interessen bzw. unterschiedlichen Lebens- und Strebenszielen, aber auch aus diesen resultierenden politischen Leidenschaften und Zugehörigkeiten. Erkenntnisse aus dem Feld der Moralpsychologie legen dabei nahe, dass ebendiese Ziele viel mit unserer Persönlichkeit zu tun haben, mit einer Persönlichkeit, die wiederum nicht beliebig veränderbar, sondern durch Erfahrungen, aber auch z. B. durch genetische Dispositionen, beeinflusst ist.[18]

2.3.1 Interessen

In Bezug auf den Rawls'schen Ansatz (Abschn. 2.1) ist also deutlich geworden, dass dessen hohe Anfangsplausibilität – Menschen denken sich gleichsam als sozial nackte Identitäten und gelangen so zu gemeinsamen politischen Gerechtigkeitsprinzipien – an der Annahme hängt, dies sei ihnen erstens möglich und sie hätten zweitens eine entsprechende Motivation dazu. Doch warum sollten in einer Welt, die jenseits von Gedankenspielen von einer enormen Vielfalt an Lebensformen und Identitäten gekennzeichnet ist, alle dieselben Interessen haben oder über vernünftiges Nachdenken zu solchen gelangen? Und wer sollte darüber bestimmen, was ›richtige‹ oder ›falsche‹ Interessen sind? Man kann sich natürlich sehr wohl über seine eigenen Interessen klar werden, sie unter Berücksichtigung aller zur Verfügung stehenden Daten und im Lichte aller möglichen Konsequenzen bestimmen. Doch gerade unter der demokratischen Prämisse gleicher Souveränität kann sich niemand anmaßen, die Interessen eines anderen besser zu kennen als dieser selbst. Innerhalb einer demokratischen Ordnung ist jeder für Fehlurteile verantwortlich, die ihm oder ihr unterlaufen. Und auch wenn andere von diesen Fehlurteilen mitbetroffen sind, so haben sie doch nie das Recht dazu, anderen deren Interessen unter Verweis auf ihre eigene höhere Einsichtsfähigkeit abzusprechen. Sehr wohl aber haben wir das Recht, diese zu kritisieren, zu hinterfragen.

Politische Konflikte dadurch aufzulösen, dass anderen die richtigen Interessen verordnet werden, die sie nur unter Androhung der Stigmatisierung, als dumm oder unvernünftig gescholten zu werden, zurückweisen können, ist jedoch ein verbreitetes Phänomen politischer Bevormundung. Man findet es etwa dort, wo von einer bestimmten Eigenschaft eines Menschen auf seine ›eigentlichen‹ Interessen geschlossen wird, etwa dann, wenn Frauen, die keine Parteien des linken politischen Spektrums unterstützen, unterstellt wird, sich selbst zu schädigen. Dabei handelt es sich um eine besondere Art des qualitativen Fehlschlusses, den man *identitären Fehlschluss* nennen könnte, der auf der Verabsolutierung einer bestimmten und hier: der eigenen lebensweltlichen Verortung beruht. Um beim Beispiel des für viele so irritierenden Phänomens des sogenannten »Rechts-Feminismus« zu bleiben: Lange Zeit wurde bestritten, dass eine Rivalität zwischen feministischen Interessen und den Interessen an einer offenen, multikulturellen Gesellschaft überhaupt möglich ist. Und auch heute wird noch von manchen behauptet, dass Frauen, aber auch Homosexuelle, da sie Ausgrenzung oft selbst schmerzvoll erfahren mussten, ein Interesse daran haben müssten, sich auch für »ausgegrenzte Migranten« politisch einzusetzen. Doch die zentrale Frage, die niemand außer den so als Geschlechtsgenossenschaft Adressierten beantworten kann, lautet: Welches Interesse haben sie an der Einwanderung von Männern aus jenen Regionen der Welt, die in Bezug z. B. auf Frauenrechte einen denkbar schlechten Ruf haben?

Die gleiche Souveränität aller Mitglieder eines politischen Gemeinwesens zu beachten, bedeutet anzuerkennen, dass auch andere Mitglieder des Gemeinwesens legitime Interessen haben können und dass diese Frage der Legitimität nicht davon abhängt, wie ähnlich diese Interessen den eigenen sind. Es bedeutet ferner zu akzeptieren, dass diese unterschiedlichen Interessen zu politischen Konflikten führen, deren äußere Erscheinungsform wir zwar beeinflussen, deren Gründe wir aber nur selten beseitigen können.

Wann aber können wir auf die Gründe von politischen Konflikten einwirken und womit? An dieser Stelle gilt es einen zusätzlichen Aspekt zu beleuchten, der wie kaum ein anderer den aktuellen politischen Diskurs beschäftigt: die Bedeutung von *Fakten*. Wäre es denkbar, dass viele politische Konflikte sich von selbst lösen, wenn alle Beteiligten über denselben gesicherten Wissensstand verfügten? Oder umgekehrt gefragt: Wären manche politische Konflikte überhaupt nicht vorhanden, wenn nicht Falsch- oder Desinformation (modisch: »fake news«) sie genährt hätten?

2.3.2 Tatsachen

Tatsachen haben für politische Konflikte, die sich um die Priorität von Zielen, und ganz besonders für Konflikte, die sich um den Einsatz der Mittel zur Erreichung eines Zieles drehen, eine besondere Bedeutung. Warum man sich dennoch keine zu großen Hoffnungen machen sollte, allein mit dem Verweis auf Fakten sämtliche politischen Gegensätze aus der Welt zu schaffen, hat indes zwei Gründe: Auch wenn man dem Satz zustimmt, dass die Welt alles ist, was der Fall ist, bedeutet das noch lange nicht, dass wir aus diesem Grunde das, was der Fall ist, wissen (können), noch, dass wir über dieses Wissen einig sein müssen. Fakten sind uns nicht einfach schon gegeben, sie springen nicht von sich aus ins Auge. Vielmehr sind wir philosophisch gesprochen darauf angewiesen, sie im Medium unserer Sinne oder die Fähigkeiten unserer Sinne übersteigender Instrumente aus dem Sein herauszuheben. Wie mühsam diese Prozesse sind, lehrt die Wissenschaftsgeschichte. Jede Einführung in die Erkenntnistheorie zeigt, wie problematisch der Begriff der »Tatsache« immer schon ist (ohne dabei die Provokationen des radikalen Konstruktivismus auch nur im Ansatz zur Kenntnis genommen zu haben). Deshalb kann die neue Wissenschaftsgläubigkeit im politischen Diskurs, die tatsächlich gar davor warnt, wir würden in ein »postfaktisches« Zeitalter abdriften, als wäre die Wahrheit des Faktischen uns immer schon selbstverständlich gegeben, nur verwundern. Es stimmt: Wer über keine solide Faktenbasis und damit über kein wenigstens annähernd adäquates Weltbild verfügt, ist nicht fähig, die Informationen, die ihm oder ihr täglich auf den unterschiedlichsten Wegen und Kanälen begegnen, angemessen einzuordnen. Die Folge sind Orientierungslosigkeit und der Verlust von Ressourcen für fundierte Kritik, Anfälligkeit für Indoktrination, mitunter sogar das Abdriften in Wahnwelten, in denen die Komplexität der modernen Welt durch eine universal-erklärende Theorie dem überforderten Individuum verdaulich gemacht wird. Es gilt aber auch, dass darüber, was der Fall ist, immer auch gerungen werden muss. Ist aber Wahrheit kein Ideal mehr, dem man sich auf schweren Wegen nur annähern kann – und nichts anderes ist mit der Idee einer vorläufigen Bestätigung, wie sie vom kritischen Rationalismus an die Stelle absoluter Gewissheit gesetzt wurde, gemeint –, sondern kann Wahrheit verwaltet, besessen und geraubt werden, wird sie zum Fetisch. Politische Konflikte löst man auf solche Weise nicht. Wer sich heute über den schädlichen Einfluss von Falschmeldungen im politischen Diskurs empört, möge sich fragen, was er oder sie der inzwischen nahezu alle Bildungsbereiche durchdringenden pädagogischen Losung entgegenzusetzen gedenkt, der zufolge es nicht mehr wichtig sei, etwas zu wissen, sondern es allein darauf ankomme, es im Bedarfsfall zu finden. Denn letztlich ist die einzig verlässliche ›Firewall‹ gegen Desinformation ein kohärentes und möglichst angemessenes Bild der Welt, das nicht in eine digitale Enzyklopädie ausgelagert ist, sondern das man sich selbst erarbeitet hat und immer weiter ausbaut.

Der zweite Grund, warum Verweise auf Tatsachen nur bedingt geeignet sind, Dissens unter politischen Kontrahenten zum Verschwinden zu bringen, liegt in Interpretations- und Gewichtungsbedürftigkeit von Tatsachen. Ebenso wenig wie Fakten einfach ins Auge springen, sprechen sie für sich selbst. Und schon gar nicht lassen sie sich ohne zusätzliche Vermittlungsschritte für normative Argumentation heranziehen. Ferner können sie nur dann meinungsbildend werden, wenn sie in Bezug auf ein Weltbild auch auf Resonanz treffen: Um zu verstehen, wie und vor allem wann dies möglich ist, muss man diese Systeme verstehen, was selten der Fall ist. Man glaubt zu wissen, was der andere denkt. Da man jedoch selbst ganz anderer Auffassung ist, ist dies nicht wirklich nachvollziehbar. Man präsentiert dann Fakten in der Hoffnung, den anderen umstimmen zu können, und ist frustriert, wenn es nicht gelingt. Vielleicht unterstellt man dem Gegenüber Faktenresistenz oder Schlimmeres. Doch Fakten haben nur dann Einfluss auf unsere politischen Positionen, wenn sie für uns eine *Bedeutung* haben. Um es anschaulich zu machen: Dass zum Beispiel in vielen Südstaaten-Gemeinden der USA Weiße zur Minderheit werden, berührt mich nicht, und ich kann auch nicht nachvollziehen, was das für Menschen bedeutet, die dort leben, falls ich mich gar nicht erst dafür interessiere. Das könnte sich jedoch ändern, falls ich jemanden von dort kennenlerne oder zumindest aus zweiter Hand entsprechende Erfahrungen geschildert bekomme und so wenigstens ansatzweise nachempfinde. Statistiken, nach denen die meisten sexuellen Übergriffe innerhalb von Partnerschaften oder Familien und nicht im öffentlichen Raum stattfinden, bedeutet mir nichts, wenn ich in einer behüteten Familie aufgewachsen bin, mich nachts aber unwohl fühle in öffentlichen Verkehrsmitteln. Dass spontane Anfeindungen von fremd aussehenden Personen in gewissen Gegenden zugenommen haben, bedeutet mir wenig, falls ich nicht mit fremd aussehenden Personen Umgang pflege. Sie bedeutet mir etwas mehr, wenn ich ausländische Gäste durch eine Stadt führe oder wenn ein Kollege berichtet, er sei gerade von einem Autofahrer aufgefordert worden, »dorthin zu gehen, wo er herkomme«.

In einem Multiversum von Bedeutungen können nackte Tatsachen niemals alle politischen Antagonismen aufheben. Jede Form von Aberglaube an ihre Durchschlagskraft wäre demnach ebenso zu hinterfragen wie die Vorstellung einer homogenen Interessenslage unter politischen Subjekten, wenn sie ihre Interessen nur ausreichend reflektiert hätten.

3. Politische Konflikte im demokratischen Kontext austragen

3.1 Wie soll ich meine Meinung bilden?

Unter demokratischen Bedingungen liegt die Souveränität bei allen Mitgliedern eines politischen Gemeinwesens zu gleichen Teilen. Daran ist das Recht geknüpft, seine Meinung in den politischen Prozess einzubringen und entsprechend den jeweiligen demokratischen Verfahren ihre Durchsetzung anzustreben. Da dieses Recht auch dasjenige der anderen ist, geht die gleiche Souveränität immer schon mit gewissen Pflichten einher, die insbesondere den Minoritätsschutz betreffen (Abschn. 3.3). Beginnt die Verantwortung der Mitglieder eines demokratischen Gemeinwesens aber nicht bereits viel früher? Ich würde sagen: ja. Da die Entscheidungen, welche die souveränen Gleichen herbeiführen bzw. mittragen, sich erstens nicht an eine höhere, »fähigere« Instanz delegieren lassen (weil das demokratische Prinzip keine höhere Autorität als das Volk kennt), und sich zweitens nicht allein auf sie selbst, sondern alle Teile des politischen Gemeinwesens auswirken, trifft sie auch die Pflicht zur verantwortungsvollen Meinungsbildung. Was könnte eine solche Pflicht umfassen? Im Folgenden sollen drei Prinzipien vorgeschlagen werden.

3.1.1 Meinungen sollten so gebildet werden, dass sie auch wieder revidiert werden können (Prinzip des Meinungsfallibilismus).

Dieser Forderung liegt die Annahme zugrunde, dass der Glaube an absolute Wahrheiten mit einer demokratischen Gesinnung insofern schwer oder gar nicht vereinbar ist, als im Falle ihrer Realität nicht das Volk über die Souveränität verfügen müsste, sondern die entsprechend Wissenden bzw. Auserwählten. Wer meint, selbst außerhalb der Möglichkeit jeden Irrtums oder auch politischer Konversion zu stehen, wird wohl kaum Notwendigkeit darin sehen, sich mit anderen auszutauschen. Vielmehr wird er oder sie zwangsläufig die gleiche Souveränität der anderen missachten. Für die Möglichkeit, seine Meinung für Änderungen offenzuhalten, ist es wichtig, sich bewusst die Frage zu stellen: Unter welchen Bedingungen bzw. mit welchem Informationszuwachs würde ich meine Position ändern? (*Individualethische Komponente*). Diese Bedingungen muss man zuerst einmal benennen, um sie schließlich erkennen zu können, sollten sie denn eintreten. In seiner *sozialethischen Komponente* verlangt das Fallibilismus-Prinzip, dass wir auch andere für fehlbar halten und niemandem blindes Vertrauen schenken, also auch nicht Meinungsautoritäten wie Medienvertretern oder Experten. Mehr oder weniger blind ist Vertrauen immer dann, wenn es nicht auf einer realistischen Einschätzung der Bedingungen basiert, unter denen auch diese Autoritäten ihre Meinung bilden bzw. unter denen sie arbeiten. Ein realistisches Bild der traditionellen Medien sollte zum Beispiel deren Arbeit im Spannungsfeld einer *privaten* (wirtschaftliche Ziele) und *öffent-*

lichen Funktion (Informationsauftrag) berücksichtigen, sowie den Arbeitsalltag vieler professioneller Journalisten bedenken, der eine eigentliche Recherche kaum noch erlaubt. Ein solch realistischer Zugang sollte auch die Einsicht umfassen, dass nicht alle Medien zu allen Themen gleichermaßen objektive Haltungen einnehmen (können) sowie dass Medien auch in demokratischen Gemeinwesen häufig selbst in den politischen Wettstreit eintreten, indem sie Informationen danach gewichten, welcher politischen Gruppierung sie schaden oder nutzen könnten. Auch Wissenschaftler und Experten verdienen nach dem Prinzip des Meinungsfallibilismus kein unbedingtes Vertrauen, insbesondere dann nicht, wenn sie sich außerhalb ihres Fachgebietes zu politischen Fragen äußern. Der Glaube an Wissenschaft als eine einstimmige, makellose Instanz ist letztlich hochgradig naiv. Die »Abdankung der politischen Vernunft zugunsten eines Sachlichkeits-Ideals, das zu allen Zeiten eine der wirksamsten Ideologien der Autokratie war«,[19] bildet zudem eine potenzielle Gefahr für die Demokratie selbst. – So als gäbe es keine seriösen Meinungsunterschiede auch zwischen »scientific peers«, keine Methodenzwistigkeiten, keinen durch zunehmende Spezialisierung wachsenden Solipsismus und keine transdisziplinäre Sprachlosigkeit, keine gesellschaftlich-ökonomischen Einflüsse, die mitbestimmen, was überhaupt erforscht wird und was nicht, oder kein individuelles Fehlverhalten. Fallibilismus bedeutet jedoch nicht, einem pauschalen Anti-Intellektualismus – sei es sogar aus Unterlegenheitsgefühlen – zu verfolgen. Carlo Stenger formuliert dazu einen bedenkenswerten Grundsatz:

»Wenn du bereit bist, die Autorität des Arztes, des Bankiers oder des Ingenieurs zu akzeptieren, wenn es um deine Gesundheit, dein Geld oder dein Haus geht, dann ist es nicht zulässig, vergleichbare Kapazitäten in öffentlichen Diskussionen nur aus dem Grund nicht anzuerkennen, weil du sonst nicht gleichberechtigt an einer Debatte teilnehmen kannst – eine Situation, in der sich jeder von uns jederzeit wiederfinden kann.«[20]

3.1.2 Meinungen sollten weitgehend selbstständig gebildet und nicht bloß übernommen werden (Prinzip der Meinungsautonomie).

Angenommen, dass ich souveräner Gleicher unter souveränen Gleichen bin: Warum sollte ich mich in die Abhängigkeit anderer begeben, wenn es darum geht, meine Ansichten zu entwickeln? Zwar stimmt es, dass wir in keinem sozialen Vakuum leben und bereits von früher Kindheit an Einstellungen der uns umgebenden Personen übernehmen. Das macht die Forderung nach Meinungsautonomie jedoch nicht weniger bedeutsam, im Gegenteil. In Kants Aufklärungsschrift, in der er nach den Ursachen dafür fragt, warum Aufklärung so schwer zu erreichen ist, trifft man auf den Vorwurf der Faulheit (und Feigheit), sich des eigenen Verstandes zu bedienen und stattdessen lieber andere für sich denken und entscheiden zu lassen.[21] Dem Prinzip der Meinungsautonomie zu folgen, bedeutet demnach in erster Linie, bestimmten Formen dieser Trägheit zu widerstehen (*individualethische Komponente*), etwa der Trägheit, den bequemsten Weg der Informationserlangung zu wählen (etwa durch Verzicht auf die Kenntnisnahme verschiedenster Medien, mitunter auch in verschiedenen Sprachen); der Trägheit, das eigene Denken durch Verweise auf Autoritäten zu entlasten (etwa indem man Argumente von Meinungsautoritäten wiedergibt, ohne je versucht zu haben, eigene zu entwickeln); oder auch der Trägheit, sich Meinungsdruck zu beugen (etwa indem man immer auf der Seite der Mehrheitsmeinung steht).

Das Prinzip der Meinungsautonomie besitzt darüber hinaus noch eine *sozialethische Komponente*: Sie besteht darin, erstens sensibel zu sein für Strukturen, die eine Gängelung oder Manipulation von Meinungen zur Folge haben können, und zweitens an ihrer Überwindung mitzuwirken. Welche dies sind, ist dabei freilich selbst wiederum Gegenstand politischer Konflikte, und wir dürfen auch hier keinen Konsens erwarten. Eindeutiger hingegen ist die Frage zu beantworten, welche Strukturen in diesem Zusammenhang besondere Aufmerksamkeit erfordern: Dies sind jene, die Meinungen transportieren, also Sprache und Medien. Von zentraler Bedeutung für das Verständnis politischer Sprache ist, dass sie keine Fach-, sondern eine *Zwecksprache* ist.[22] Paul Sailer-Wlasits meint:

> »Eine der unabdingbaren Voraussetzungen für den Erfolg der Sprache *in der Politik* liegt in ihrem tendenziellen Mangel an Präzision, in ihren Schematisierungen, Subsumierungen und Metaphern. Durch die sprachlich herbeigeführte Reduktion von Komplexität mittels Simplifikationen, Uneindeutigkeiten und Mehrdeutigkeiten werden jene Identifikationsräume erzeugt, in denen eine gesellschaftliche Mehrheit bereit ist, sich vertrauensvoll einzurichten.«[23]

Begriffe, die mehrheitsbeschaffend wirken sollen, werden gezielt in den politischen Markt eingeschleust. Sie transportieren politische Positionen, die wir dadurch stärken, dass wir diese Ausdrücke übernehmen – bewusst oder eben auch unbewusst. Sprachkritik sollte sich daher insbesondere auf folgende Fragen beziehen: Warum wird diese und nicht eine andere Bezeichnung gewählt? Wer will was mit ihr erreichen?

Fallbeispiel »Populismus«

Ein aktuelles Beispiel, wie abwertende bzw. pejorative Markierungen der politischen Zwecksprache zum scheinbar unverdächtigen Alltagsvokabular erhoben wurden, ist die Bezeichnung »Populist« bzw. »Populismus«. Dieser ist, so wie er heute mehrheitlich verwendet wird, kein neutraler Begriff. Das sieht man, wenn man danach fragt, was er eigentlich bezeichnen soll. Die Standardantworten lauten: Populismus bezeichne politische Gruppierungen, die (zu) simple Antworten auf komplexe Probleme geben. Das, was jedoch ein tauglicher Vorschlag zur Problemlösung ist, ist selbst Teil des politischen Antagonismus, konkret eines Mittelkonfliktes, und ist überdies oft nicht einfach zu bestimmen. Populisten, so ein weiterer Zugang, setzen auf populäre Ansichten, sie gingen dem Volk nach, anstatt voraus. Kann dies, so sollte man gegenfragen, in einer Demokratie denn überhaupt ein Problem sein? Welche Sympathien für eine Herrschaft von »klugen Führern« scheint hier womöglich ungewollt durch? Auch der Versuch, Populisten als diejenigen zu definieren, die »Feindbilder erzeugen« oder »Ängste schüren«, zeigt deutlich, dass wir es hier mit keinem neutralen Begriff, sondern letztlich mit

Jargon zu tun haben. Wer den Begriff »Populist« in einer dieser Bedeutungsschattierungen gebraucht, bezeichnet nicht wirklich etwas, sondern steht inmitten des politischen Kampfplatzes.

Dabei gibt es in der aktuellen Populismustheorie durchaus Ansätze, diesen Begriff auf einen brauchbaren sachlichen Kern zurückzustutzen, um ihn nicht ganz der ideologischen Instrumentalisierung preiszugeben. Diese Ansätze gehen erstens davon aus, dass es sich bei Populismus nicht um eine bestimmte Art von *Politik*, sondern um eine bestimmte Vorstellung vom *Politischen* handelt (Abschn. 2.3). Sie gehen ebenfalls davon aus, dass die Verwendung des Begriffes Populismus eine größere politische Krise anzeigt. Populismus ist, schreibt der US-amerikanische Journalist John B. Judis, »keine Ideologie, sondern eine politische Logik – eine Art über Politik zu denken«.[24] Diese Logik ist, wie Jan-Werner Müller ausführt, gekennzeichnet dadurch, dass ein als solches vorgestelltes ›wahres‹ Volk den ›falschen‹ *demos*-Teilen, die häufig als »Verräter«, »parasitäre« oder »betrügende« Eliten kritisiert werden, entgegengestellt wird.[25] Auch richtet sich Populismus letztlich insbesondere gegen die »Entpolitisierung zentraler gesellschaftlicher Fragen«[26]. Im Sinne der eingangs beschriebenen Formen politischer Konflikte findet die Auseinandersetzung mit populistischen Strömungen daher immer auf der Ebene rahmender Zielkonflikte statt. Sie berührt vorrangig die Frage, wie das *demos* bestimmt wird. Ein solches Verständnis von Populismus (als Position des Politischen) hat sich nun vom Alltagsbegriff (»schlechte Politik«) in entscheidender Hinsicht fortentwickelt. Wir werden auf die Frage, was an diesem Populismus bedenklich sein könnte, zurückkommen.

3.1.3 Meinungen sollten auf der Grundlage der Kenntnis möglichst aller anderen Positionen gebildet werden (Prinzip des Meinungspluralismus).

Dieses Prinzip kann damit begründet werden, dass erst im Vergleich bzw. Kontrast mit anderen Standpunkten die eigene Position wirklich bewusst vertreten werden kann. Diesem Prinzip der politischen Meinungsbildung entspricht das Ideal des »Marktplatzes der Ideen«, auf dem sich unter fairen Bedingungen die besten Ideen von selbst durchsetzen. Um alle Meinungen kennenzulernen, bedarf es zweierlei:

Ich muss mich erstens dafür einsetzen, dass grundsätzlich freie Rede und Verbreitung der unterschiedlichsten Standpunkte möglich sind (*sozialethische Komponente*).

Zweitens muss ich selbst die Bereitschaft pflegen, den anderen unvoreingenommen zuzuhören, auch dann, wenn ich deren Argumente nicht teile oder sogar als anstößig empfinde (*individualethische Komponente*). Letztere Pflicht entspricht dem, was Emanuela Ceva als Gegnerschafts-Argumentationsprinzip (*Adversary Argumentation Principle*) bezeichnet,[27] dass nämlich ausnahmelos jede Seite eines politischen Konfliktes gehört werden solle.

Das klingt zunächst recht einfach, doch lassen sich zahlreiche Hindernisse benennen, die wir auf diesem Weg zu überwinden haben:

Dazu zählt das Phänomen theorie- oder vorurteilsgeladener Wahrnehmung. Wer uns mit seiner Botschaft erreichen will, muss zugleich durch alle Annahmen und Bilder hindurchdringen, die wir bisher bereits über ein bestimmtes Thema in uns angesammelt haben und die häufig jede weitere Information sortieren entlang dessen, was ich fest über den politischen Gegner und seine Ansichten zu wissen glaube. Diese Vorannahmen führen häufig zu etwas, was Psychologen »motivated reasoning« nennen, also zu dem Unvermögen, das, was man vernimmt, aufzunehmen, ohne es sofort gegen den anderen verwenden zu wollen bzw. in anderer Richtung auch Fehler bei sich selbst zu erkennen.[28] Um zu verhindern, dass vorgefasste Meinungen die Wahrnehmung des Anderen gleichsam verdunkeln, hilft manchmal nur die bewusste Zurücknahme unserer Vor-Urteile, indem wir uns dazu zwingen, den Anderen so zu hören, als hörten wir ihn oder sie zum ersten Mal.

Nicht weniger schwierig gestaltet sich die Arbeit an einer anderen Hürde, die oftmals davon abhält, das Prinzip des »audiatur et altera pars« ernst zu nehmen. Die Rede ist von Entlastungszuschreibungen, die es uns ersparen, uns mit Meinungen auseinanderzusetzen, die wir für falsch oder sogar unerträglich halten. Werden etwa den Gegnern Pathologien zugeschrieben, werden anstatt politischer Argumente bald ›Therapieziele‹ (Man denke etwa an die Aufforderung »Ängste abzubauen«) diskutiert. Und wer den Gegner in die Schublade der Verlierer (»basket of deplorables«) einsortiert, möchte sich bestimmt auch nicht auf eine Stufe mit ihm stellen und auf Augenhöge mit ihm eine Kontroverse austragen. Auch der bereits aus anderen Gründen kritisierte Begriff des Populismus ist in solchen Zusammenhängen anzutreffen:

> »Wer von vornherein meint, die Anhängerschaft der Populisten setze sich allein aus Modernisierungs- und Globalisierungsverlierern mit all ihren vermeintlichen ›Ressentiments‹, ›Sorgen‹ und ›Ängsten‹ zusammen,

macht es sich zu leicht. Politik verkommt hier zur Gruppentherapie – und man braucht eigentlich gar nicht zuzuhören oder die Argumente der anderen für bare Münze nehmen […].«[29]

In Bezug auf die sozialethische Komponente des Meinungspluralismus-Prinzips stellt sich die Frage, was ich als Einzelner zu einem offenen politischen Diskurs beitragen kann, der es mir und anderen ermöglicht, möglichst allen politischen Positionen und Ansichten offen zu begegnen. Eine solche Kultur offenen Denkens und (Wider-)Sprechens, also eine demokratische *Streitkultur*, sieht sich zahlreichen Gefährdungsbedingungen ausgesetzt, die nicht allein auf offensichtlichen Ausschlüssen fußen. Auch subtile Diskursbeschränkungen, die wir oft unbewusst verinnerlichen, tragen dazu bei, dass bestimmte Ansichten aus Scham oder Furcht vor sozialen Sanktionen nicht öffentlich gemacht werden.

Fallbeispiel »Politische Korrektheit«

Kein anderes Thema hat Fragen der Diskurskontrolle und Zensur in den vergangenen Jahren in einer vergleichbaren Weise zum Gegenstand erbitterter Kontroversen werden lassen wie die sogenannte »Politische Korrektheit« (*political correctness*, PC). Es lassen sich folgende Problemvermessungen vornehmen: Political Correctness ist ein inzwischen abwertend gebrauchter Sammelbegriff für Versuche, bestimmte sprachliche Ausdrücke bzw. Vorstellungen aus der Öffentlichkeit auszusondern, um andere Ziele wie Nichtdiskriminierung, Minderheitenrechte und Inklusion zu fördern.

Political Correctness hat eine lange und wechselvolle Begriffsgeschichte:[30] Seine bis heute prägende Bedeutung erhielt der Begriff in US-amerikanischen Debatten, allen voran im universitär-akademischen Bereich um Studieninhalte und Förderung sozial benachteiligter Gruppen. Kritiker der Political Correctness beklagen die daraus vermeintlich entstehenden Einschränkungen der freien Rede oder sogar die Einrichtung einer »Gedankenpolizei«. Da es sich bei Political Correctness nicht um festgelegte Gesetze, sondern letztlich um eine Form des sozialen Meinungsdrucks handelt, sind weder seine Urheber, noch seine Sanktionen leicht feststellbar. Das bewog manche, Political Correctness als »Phantom« oder sogar als Verschwörung der politischen Rechten zu verstehen, die sich der Political-Correctness-Kritik bediene, um ihre Gegner auf diese Weise zu diskreditieren. Diese Kritik übersieht dabei, wie stark der Mensch als soziales Wesen sein Glück auch davon abhängig macht, was andere von ihm denken und wie stark wir unser Verhalten an scheinbaren Mehrheitsansichten und -erwartungen ausrichten. Soziale Sanktionen haben ganz eigene, oft deutlich schmerzvollere Folgen als gesetzlich verankerte Sanktionen. Sie reichen von Gesprächsabbruch (»Mit so jemandem kann man nicht diskutieren«) über Beleidigungen und Verächtlichmachung (»Idiot«, »Versager«, »Gutmensch«, »Putin-Versteher«) bis hin zu Dämonisierung (»Brandstifter«, »Nazi!«, »Terrorist«) und dem Beschämen und Bloßstellen der Person gegenüber Dritten.

Je nachdem, ob sie sich eher auf die Zurückdrängung bestimmter als problematisch erachteter *Begriffe* oder *Ideen* bezieht oder eher nicht, kann von Political Correctness im *engeren* und im *weiteren* Sinne gesprochen werden. Political Correctness im engeren Sinn kann dabei durchaus im Einklang mit den Grundsätzen demokratischer Meinungsbildung verstanden werden, nämlich dann, wenn es sich bei den monierten Ausdrücken um solche handelt, die von bestimmten Personen als grob beleidigend aufgefasst werden: Durch ihre Anwendung würde man riskieren, dass diese das Gespräch verlassen oder das Feld politischer Argumente gar nicht erst betreten (Abschn. 3.2). Beides kann nicht im Interesse derjenigen liegen, die in einem offenen Diskurs die beste Grundlage für gelungene politische Meinungsbildungsprozesse erblicken. Noch unproblematischer ist der Hinweis auf bedenkliche Äußerungen dann, wenn diese ohne große Mühe durch äquivalente, nichtbeleidigende Begriffe ersetzt werden können. Hier von Zensur zu sprechen, wäre eine irreführende Übertreibung. Wer etwa auf seinem »Recht« besteht, Menschen dunkler Hautfarbe als »Neger«, Asiaten als »Schlitzaugen« oder Frauen als »Schlampen« bezeichnen zu dürfen, darf sich nicht wundern, wenn sich andere von ihm abwenden, ähnlich wie bei anderen Formen der Rüpelei auch. Sich über eine solche Reaktion mit Verweis auf unterdrückende Political Correctness zu empören, wäre lediglich ein Beispiel für unreflektierte PC-Kritik.

Unreflektiert ist Political-Correctness-Kritik auch dann, wenn sie davon ausgeht, dass jedes Ersuchen, Begrifflichkeiten zu überdenken, immer schon aus moralisch-pädagogisierender Intention heraus erfolgt. Dabei lässt man außer Acht, dass auch aus Klugheitslogik bestimmte Ausdrücke besser vermieden werden, wenn man ein bestimmtes (strategisches) politisches Ziel verfolgt. Ein Beispiel wäre der Hinweis von Islamexperten, den Begriff »Dschihadismus« nicht ohne Weiteres auf bestimmte Terrorbanden anzuwenden, da man damit letztlich deren Propaganda befördert, eine moralisch hochstehende religiöse Bewegung zu sein.

Anders hingegen stellt sich die Beurteilung von jenen erweiterten Political-Correctness -Intentionen dar, die den politischen Diskurs von bestimmten Vorstellungen als solchen reinigen wollen. Etwa am Beispiel des Konzeptes des »Kulturrassismus« lässt sich zeigen, wie erweiterte Political Correctness funktioniert und warum sie einer reflektierten Kritik unterzogen werden muss: Dass das Konzept »Rasse« nicht einfach eine Reaktion auf eine biologische Tatsachenwahrheit ist, sondern immer auch eine soziale Dimension aufweist, die zu mehr oder weniger willkürlichen Interpretationen und Gewichtungen von angeblich »natürlichen« Unterschieden führt, hat offenbar dazu verleitet, den Begriff des Rassismus auch auf negative Urteile über (Mitglieder) bestimmte(r) Gruppen hin auszudehnen, die nicht primär biologisch, sondern sozial/kulturell/religiös gefasst sind. Dann kann freilich fast alles »Rassismus« sein. Ohne klare Bestimmung dessen, was »kulturrassistisch« ist, hängt auch über jeder Form der Kultur- oder Religionskritik prinzipiell ein Damoklesschwert. Solange nun eine Gruppe im politischen Feld die Deutungshoheit über die Definition solcher Begrifflichkeiten hat, wird zwar gerne darüber gestritten, wer ein Rassist ist, nicht jedoch darüber, was eigentlich Rassismus ist. Da Ansichten von »Rassisten« (oder auch »Hetzern« und »Menschenfeinden«) inhaltlich gar nicht aufgegriffen werden müssen, verengt Political Correctness den politischen Diskurs also zugunsten derjenigen Gruppen, die in der Lage sind, ihre politische Rhetorik als vermeintlich selbstverständliche, sogar neutrale Reaktion auf sprachliche bzw. ideologische Grenzüberschreitungen erscheinen zu lassen. Das erklärt auch, warum etwa als »(kultur-)rassistisch« meist solche Positionen bezeichnet werden, sie sich kritisch zu Fragen der Verträglichkeit bestimmter islamischer Vorstellungen und einer liberal-demokratischen Menschenrechtsordnung verhalten. Im gleichen Maße werden jedoch verachtende Haltungen gegenüber dem westlichen/deutschen Lebensstil, wie sie von bestimmten islamischen Predigern artikuliert werden, gerade *nicht* als »(kultur)-rassistisch« bezeichnet. Solange »Kulturrassismus« das Monopol des ›weißen‹ Mannes oder der ›weißen‹ Frau ist, bleibt also Antirassismus ein unvollendetes, ja unaufgeklärtes Projekt.

Der politische Diskurs ist keine Komfortzone: Wer Widerrede nicht erträgt oder Widerrede gar für ein Sakrileg hält, sollte sich nicht exponieren. Es besteht aber ein grundlegender Unterschied darin, ob ich die Ansicht eines anderen – auch leidenschaftlich und beherzt – bestreite und sie argumentativ herausfordere, oder aber als indiskutabel ausweise. Durch die Skandalisierung von Positionen produziert der Political-Correctness-Mechanismus nämlich eine doppelte Ausschließung: Nicht nur wird der betreffenden Person abgesprochen, dass ihre Stimme (in diesem Kontext) Beachtung verdient (unterstrichen wird dies durch pejorative Markierungen wie »reaktionär«, »menschenverachtend«, »diskriminierend«). Als Folge davon wird ihr auch – außer im Status der Angeklagten – die Möglichkeit genommen, an der Klärung der Frage mitzuarbeiten, warum eine Ansicht den Rahmen des Sagbaren sprengt. Es ist oft nicht der vermeintliche Ausschluss aus dem realen politischen Diskurs, der von den Betroffenen als so frustrierend beschrieben wird, sondern der Ausschluss aus einem gerade nicht-realen, verweigerten politischen Diskurs, in dem Legitimität und Illegitimität von sprachlichen Äußerungen und den ihnen (möglicherweise) zugrunde liegenden Ansichten selbst verhandelt wird bzw. verhandelt wurde.

Solange erweiterte Political Correctness auf diesem Wege verhindert, dass auch die Grenzen des legitimen (angemessenen) und nicht nur des legalen (den Gesetzen entsprechenden) Diskurses dem demokratischen Wettstreit ausgesetzt sind, produziert sie Scheinkonsense auf Seiten der ›Vernünftigen‹ bzw. ›Guten‹ und Frustration, mitunter Aggression, bei denen, die diesen Reinheitsgeboten zum Opfer fallen. So befürchten heute nicht wenige, »dass mit dem Insistieren auf der politischen Korrektheit ein fundamentales Prinzip der Aufklärung über Bord geworfen wurde, nämlich dass nichts und niemand über Kritik erhaben sein darf«[31]. Aus Sicht des Ideals demokratischer Streitkultur stellt Political Correctness im erweiterten Sinne ein ernsthaftes Hindernis auf dem Weg zu kompetenter Meinungsbildung dar: Sie dient höchstens der Meinungsnach- oder -abbildung. Politische Meinungen bleiben aber nur im Licht des argumentativen Austauschs sichtbar und beweglich.

3.2 Wie soll ich meine Meinung vertreten?

Aus dem bisher Gesagten lässt sich für die Beantwortung dieser Frage bereits ein Zwischenfazit ziehen: Falls ich meine Meinung kompetent bilden und damit meiner Verantwortung als demokratischer Mit-Souverän gerecht werden will, sollte ich auch meine Meinung so äußern, dass sie einen offenen politischen Diskurs stärkt. Damit wäre aber nur ein Teil meiner Verantwortung abgesteckt: Es lassen sich nämlich, wie ich im Folgenden zeigen möchte, aus dem demokratischen Prinzip sowie der Menschenrechtsidee weitere normative Orientierungen gewinnen, auf welche Weise man seine Meinung im politischen Feld vertreten soll. Beide Maßstäbe ergänzen hier einander: Das demokratische Prinzip gibt Anleitungen dazu, wie man seine Meinungen gegenüber anderen Mitgliedern eines demokratischen Gemeinwesen vertreten sollte; die Idee der Menschenrechte kann uns darüber hinaus auch im Vertreten von politischen Meinungen gegenüber jenen leiten, mit denen uns zwar nicht der demokratische Rahmen, jedoch noch immer das Menschsein verbindet.

3.2.1 Meinungen sollen so vertreten werden, dass sie die gleiche Souveränität möglichst aller achten (Demokratisches Prinzip).

Es reicht für eine vitale Demokratie, in der Menschen verantwortungsvoll ihre gleiche Souveränität ausüben, nicht aus, dass diese Menschen nur in Gedanken frei sind, nicht aber darin, sie öffentlich auszusprechen. Meinungsäußerungsfreiheit ist daher mit dem Prinzip der Volkssouveränität untrennbar verknüpft. Weit weniger deutlich ist, wo die Grenzen eines solchen Rechts verlaufen sollen.[32] Dafür können ganz unterschiedliche Kriterien herangezogen werden (»öffentliche Ordnung, Sicherheit und Moral«, »Gotteslästerung«, »Aufruf zu strafbaren Handlungen«). In diesem Kontext möchte ich mich auf die Diskussion von Grenzen konzentrieren, die aus dem demokratischen Prinzip gewonnen werden können. Mit diesem Prinzip lässt sich der Grundsatz formulieren, dass durch die Äußerung der eigenen politischen Meinung die gleiche Souveränität der anderen Mit-Souveräne nicht beschädigt werden darf (*individualethische Komponente*) und dass ich mich für gesetzliche Regelungen einsetzen soll, die dies sicherstellen (*sozialethische Komponente*). Was bedeutet das aber konkret?

3.2.1.1 Meinungsfreiheit

Sich zur souveränen Gleichheit aller Mitglieder eines politischen Gemeinwesens zu bekennen, geht mit der Anerkennung einher, dass sie alle grundsätzlich dasselbe Recht haben, an jenen Diskussionen mitzuwirken, in welchen die öffentliche Meinung geformt wird. Weil die Demokratie, wie Hans Kelsen ausführt, »den politischen Willen jedermanns gleich einschätzt, muß sie auch jeden politischen Glauben, jede politische Meinung […] gleichermaßen achten«[33]. Als Haltung entspricht dieser Grundsatz der zivilisierten Gegnerschaft, nach der wir »Bürger auf der anderen politischen Seite als Cousins ansehen, die manchmal unsere Opponenten sind, die aber die meisten unserer Werte und Interessen teilen und daher nie unsere Todfeinde sind«[34]. Wir mögen beruflich erfolgreicher, beliebter oder klüger, weiter gereist und erfahrener sein: Im Kontext demokratischer Gegnerschaft zählt all dies grundsätzlich nicht. Als politische Kontrahenten sind wir immer Gleiche unter Gleichen. Wir haben das Recht, von unserer Meinung anzunehmen, sie sei anderen Meinungen vorzuziehen (warum hätten wir diese Meinung sonst?). Umgekehrt haben wir weder das Recht, die Meinungen anderer als weniger beachtlich zu verunglimpfen, noch die anderen zum Verstummen zu bringen – durch psychische Gewalt oder deren Androhung, durch Mittel der Zensur, wenn sie denn zur Verfügung stehen, oder durch grobe Verächtlichmachung und Diffamierungen (etwa »hate speech«).

Im Zusammenhang solcher Äußerungen treffen wir auf eine Problematik, die sich bereits im Zusammenhang mit der Diskussion um Politische Korrektheit angedeutet hat (Abschn. 3.1): Wie stellt man fest, wann eine Äußerung von einem Gegenüber als so schmerzvoll aufgefasst werden muss, dass diese oder dieser sich gleichsam aus dem Diskurs zurückzieht und damit in seiner Souveränität Schaden nimmt? Muss ich nun in solchen Fällen doch daran mitwirken, jene andere zum Verstummen zu bringen, wenn sie eben solche *ausschließenden* Äußerungen tätigen? Erfordert die Stärkung der positiven Meinungsäußerungsfreiheit eine Schwächung der negativen? Dies schlägt etwa Alexander Brown mit seinem »Nuancierten Demokratie-Prinzip« (*Nuanced Principle of Democracy*) vor. Dementsprechend seien rechtliche Einschränkungen der freien Rede zulässig, wenn sie sicherstellen, dass alle Bürger über reale Möglichkeiten der Teilnahme am öffentlichen Diskurs verfügen.[35]

Wir stehen hier offenbar vor einem Dilemma: Wenn wir den Maßstab für hinreichend beleidigende Äußerungen in die Hand derjenigen legen, die sich beleidigt fühlen, also einen subjektiven Maßstab anlegen, dann droht ein Konflikt zwischen unterschiedlichsten Sensibilitäts- bzw. Frustrationstoleranzniveaus. Falls wir nach einem objektiven Maßstab suchen, werden wir kaum fündig werden, denn wie könnte ein solcher jenseits individueller Befindlichkeiten auch aussehen? Anders formuliert: Wenn wir die Grenze zu eng ziehen, dann verletzen wir die gleiche Souveränität derer, die sich – vielleicht auch provokant – politisch äußern. Ziehen wir sie jedoch gar nicht, riskieren wir die gleiche Souveränität derer zu missachten, die zwar nicht rechtlich, aber effektiv aus dem Diskurs ausgeschlossen werden bzw. sich *reaktiv* selbst ausschließen. Es liegt in der Natur eines Dilemmas, dass es nicht lösbar ist, ohne sich an einem seiner Hörner zu stoßen. Es reicht auch nicht, das Dilemma einfach nur als solches anzuerkennen, denn früher oder später wird man handeln (müssen).

Vielleicht kann an dieser Stelle aber die Unterscheidung zwischen individualethischer und sozialethischer Dimension weiterhelfen: So könnte man selbst im Zweifel auf solche Äußerungen verzichten, von denen man ausgehen muss, sie könnten andere so verletzen, dass sie den Diskurs verlassen. Hier würde dann im Einzelfall eigenverantwortlich abgewogen werden müssen. Eine allgemeine gesetzliche Regelung hingegen würde in ihrer Wirkung immer davon abhängen, wie sie angewendet wird. Dies lässt sich jedoch nur bedingt im Vorhinein erahnen. Angesichts der Zweischneidigkeit der Beschränkung freier Meinungsäußerung ist zum Schutz gleicher Souveränität also Zurückhaltung angebracht.

3.2.1.2 Ziviler Ungehorsam

Meinungen lassen sich nicht nur durch sprachliche Äußerungen ausdrücken, sondern auch durch Handeln. Welche Grenzen das demokratische Prinzip bei den Handlungen zieht, ist nicht weniger umstritten. Diese Schwierigkeit lässt sich besonders am sogenannten *Zivilen Ungehorsam* darstellen. Eine möglichst neutrale Definition, die nicht schon eine Prüfung von dessen Legitimität vorweg nimmt, lautet: Ziviler Ungehorsam bezeichnet ein Nichteinverständnis mit Mehrheitsentscheidungen. Er drückt sich im bewussten bzw. angestrebten Bruch von Gesetzen aus, dessen Folgen in Kauf genommen werden, um eine politische Position zu artikulieren. Ziviler Ungehorsam im demokratischen Kontext ist das Pendant zum Widerstandsrecht und Tyrannenmord im nichtdemokratischen Kontext. Will man in Bezug darauf, auf was sich die Maßnahmen des zivilen Ungehorsams richten, differenzieren, so lässt sich unterscheiden zwischen *pauschalem* zivilen Ungehorsam, d. h. der Ablehnung eines bestimmten politischen Gemeinwesens unter Bedingungen, die aus Sicht des Einzelnen seine gesamte Legitimität in Frage stellen,[36] und *pointiertem* zivilen Ungehorsam, d. h. der Ablehnung einzelner gesetzlicher Maßnahmen.

Ob ziviler Ungehorsam aus demokratischer Perspektive gesehen überhaupt zulässig ist, ist umstritten. Unbestritten ist, dass das Prinzip gleicher Souveränität niemanden, der sich mit seiner politischen Position nicht durchsetzt, zwingt, seine Position aufzugeben. Die Position wird vielmehr durch Minderheitenrechte geschützt (Abschn. 3.3). Muss aber nicht demokratischen Entscheidungen Folge geleistet werden, auch denen, die man selbst für grob falsch oder unmoralisch hält? In den Worten eines der Pioniere des zivilen

Ungehorsams, Henry David Thoreau: »Es gibt ungerechte Gesetze. Wie mit ihnen verfahren? Sollen wir sie einfach brav befolgen? Oder sollen wir uns bemühen, sie zu verbessern, und ihnen nur so lange gehorchen, bis wir dies erreicht haben? Oder sollen wir sie sofort ignorieren?«[37]

Einer derjenigen, der die Zulässigkeit des zivilen Ungehorsams auch unter demokratischen Bedingungen nicht von vornherein ausschließen, ist John Rawls.[38] Grundsätzlich gelte, so Rawls, dass wir, unter der Voraussetzung, die Verfassung eines politischen Gemeinwesens sei gerecht, auch ungerechten Mehrheitsentscheidungen Folge leisten müssen. Sollte aber deren Ungerechtigkeit eine bestimmte Grenze überschreiten, seien wir zu zivilem Ungehorsam berechtigt. Dieser müsse dabei gewaltlos sein, d. h. das Leben und die Rechte anderer wahren, dürfe durch kein bloßes Selbstinteresse motiviert sein und müsse den demokratischen Rahmen insgesamt akzeptieren. Das habe zur Folge, dass auch die (strafrechtlichen) Konsequenzen des zivilen Ungehorsams zu tragen sind. In der Rawls'schen Theorie ist ziviler Ungehorsam damit das letzte, nicht erste Mittel der Wahl, um einer politischen Überzeugung Ausdruck zu verleihen: »Ziviler Ungehorsam drückt Ungehorsam gegenüber dem Gesetz innerhalb der Grenzen der Gesetzestreue aus.«[39] Zusätzlich verlangt Rawls, dass derjenige, der zivilen Ungehorsam ausübt, auch allen anderen bei vergleichbarem Unrecht zugesteht, in gleicher Weise zu handeln. Dieses Kriterium der Wechselseitigkeit (Reziprozität) oder auch Verallgemeinerbarkeit (Universalisierung) soll sicherstellen, dass auch hier die souveräne Gleichheit der Mitbürger gewahrt bleibt. Eben diese sehen Kritiker des Konzeptes des zivilen Ungehorsams aber immer schon angetastet. So argumentiert Christoph Möllers: »Wer gegen demokratische Grundsätze zum Widerstand [gegen Gesetze, Anm.] aufruft, bricht die Gleichheit der demokratischen Gemeinschaft.«[40] Er habe daher auch die volle Verantwortung für alle daraus sich ergebenden Konsequenzen zu tragen.

Die Tatsache, dass eine gewisse Spannung zwischen zivilem Ungehorsam und dem demokratischen Prinzip besteht, ist nicht zu leugnen. Wer Gesetze bricht und sich dabei auf außerrechtliche Gerechtigkeitsmaßstäbe beruft, stellt die ›Souveränität der Gerechten‹ der Volkssouveränität bewusst entgegen. Reicht eine Reziprozitätsbedingung aus, um diese Spannung so weit abzuschwächen, dass die gleiche Souveränität aller Mitglieder eines politischen Gemeinwesens keinen Schaden nimmt? Man könnte dafür argumentieren, dass derjenige, der diese Bedingung akzeptiert, sein Handeln einem Kriterium der Universalisierbarkeit unterwirft, in dem die gleiche Souveränität aller anderen grundsätzlich berücksichtigt ist, da man sich selbst keine prinzipielle Sonderstellung anmaßt. Zugleich lässt sich mit dieser Bedingung eine gewisse Gravitätsschwelle ausloten, ab welcher ich bereit sein kann, mich demokratischen Entscheidungen zu widersetzen und damit auch alle die Folgen zu tragen, die sich auch für die Stabilität eines politischen Gemeinwesens langfristig ergeben.

Betrachten wir folgende Beispiele:

- Eine politische Gruppierung stört sich an einer öffentlichen Kundgebung einer anderen politischen Gruppierung und blockiert den Zutritt zu deren Versammlung.
- Eine Tierrechtsaktivistin dringt in eine Geflügelzucht ein und »befreit« bzw. stiehlt hunderte Tiere.

– Ein Aktivist schneidet ein Loch in einen Grenzzaun und ermöglicht den illegalen Übertritt.

Was würde die Reziprozitätsbedingung jeweils an Zugeständnissen erfordern? Im ersten Fall würde sie das Zugeständnis fordern, dass auch andere immer dann, wenn aus deren Sicht das »Unrecht« einer bestimmten Kundgebung groß genug ist, diese behindern dürfen. Man will sich lieber nicht ausmalen, was das für die demokratische Kultur und den sozialen Frieden bedeuten würde.

Im zweiten Fall müsste die Aktivistin bereit sein, auch anderen die Verletzung fremden Eigentums (Tiere sind rechtlich gesehen Sachen) zuzugestehen, wenn sie der Ansicht sind, dass jemand auf dieses Eigentum keinen moralischen Anspruch hat.

Im Fall der eigenmächtigen Grenzzaunöffnung gilt: Wäre der Aktivist auch bereit, Andersdenkenden zuzugestehen, private Grenzanlagen zu errichten oder ›Privatausweisungen‹ vorzunehmen und die Verschärfung politischer Konflikte um Migration und Asyl, die daraus folgen, in Kauf zu nehmen?

Diese Beispiele zeigen, dass das Kriterium der Reziprozität bzw. Universalisierung für zivilen Ungehorsam auf dem Boden des demokratischen Prinzips sehr hohe Anforderungen an die (potenziell) zivil Ungehorsamen stellt. Es bestehen nicht zuletzt hohe Anforderungen an die ethische Reflexion. Reziprozität kann keine immer eindeutigen Handlungsanleitungen liefern. Ziviler Ungehorsam bleibt also ein ausgesprochen heikles Instrument, seine politische Meinung zu vertreten, das weder idealisiert noch banalisiert werden sollte.

3.2.1.3 Noch einmal Populismus

Abschließend soll es um einen Spezialfall gehen, nämlich wie auf dem Boden des demokratischen Prinzips Meinungen vertreten werden sollen. Solch ein Problem stellt sich konkret im Licht der Definition von Populismus, wie sie in Abschn. 3.1 vorgestellt wurde. Was bedeutet es aus Sicht des hier vorgeschlagenen Grundsatzes, wonach Meinungen so vertreten werden sollen, dass sie die gleiche Souveränität aller achten, wenn ein Teil des *demos* als falscher, unrechtmäßiger Teil dargestellt wird? Ist Populismus – genauer: das Vertreten politischer Meinungen auf Grundlage der populistischen Auffassung des Politischen – eine Gefahr für die Demokratie, wie manche kritisieren? Entsprechend dieser Ansicht verletzt der populistische Alleinvertretungsanspruch (»Wir sind das wahre Volk«) die souveräne Gleichheit. Anders wäre die Situation, sollte lediglich der Anspruch erhoben werden, *auch* Teil des Volkes zu sein. Man könnte hier nämlich einwenden, dass die Frage, wer zum *demos* gehört, eben Teil eines rahmenden Zielkonfliktes ist, der – solange er mit demokratischen Mitteln ausgetragen wird – grundsätzlich zulässig ist.

Andererseits wird in diesem Fall nicht bloß der Eintritt in ein politisches Gemeinwesen verhandelt, sondern die Ausgrenzung aus dem bestehenden zumindest symbolisch vollzogen. Hier liegt insofern ein entscheidender Unterschied, als zwar kein Anspruch darauf besteht, einem bestimmten politischen Gemeinwesen anzugehören. Ein Absprechen der gleichen Souveränität aber würde, wie Christoph Möllers argumentiert, das »demokratische Versprechen« brechen.[41] Das wird im Abschnitt 3.3 deutlicher werden.

3.2.2 Meinungen sollen so vertreten werden, dass sie das geteilte Menschsein aller achten (Menschenrechtliches Prinzip).

Nicht alle politischen Konflikte finden zwischen Mitgliedern desselben demokratischen Gemeinwesens statt. Welche Standards gelten aber dann? Diese Frage wird noch näher behandelt (Abschn. 3.4 und 4). Wir können hier aber schon das menschenrechtliche Prinzip einbeziehen, das uns im Vertreten unserer politischen Meinungen gegenüber allen Menschen leiten kann, und zwar unabhängig davon, ob es Mit-Souveräne oder Fremde sind. Wie dargelegt (Abschn. 1.2), besteht der Kern des Menschenrechtsdenkens darin, allen Mitgliedern der menschlichen Spezies ein Recht auf Menschenrechte zuzugestehen. Wer ein solches Recht auf Rechte hat – man kann auch sagen: wer menschliche Würde hat –, hat vereinfacht gesagt den Anspruch, als Person (und nicht als Tier oder Gegenstand) behandelt und nicht willkürlich diskriminiert zu werden. Es ist leicht ersichtlich, dass sich damit bestimmte Meinungsäußerungen verbieten, wie etwa konkret entmenschlichende (auch: dehumanisierende) Rede. Was unter solche Rede fällt, kann im Einzelfall strittig sein, und Nuancierungen tun Not. Zum Kern gehören meines Erachtens Meinungen, die die folgenden Ansichten transportieren: Dass man andere bedenkenlos vernichten, ja ausrotten dürfe bzw. solle (was nicht das gleiche ist wie die Erörterung, unter welchen Bedingungen Menschen unter Umständen getötet werden dürfen); dass sie keinerlei Rücksichten verdienten (was nicht das gleiche ist wie die Erörterung der Frage, ob sie in bestimmten Fällen alle Rücksichten genießen sollen); dass sie nie hätten geboren werden dürfen (was etwas anderes ist, als die persönliche Feststellung, dass die Welt ohne eine bestimmte Person ein besserer Ort wäre); dass sie Tiere sind oder weniger Wert als Tiere haben (was nicht ganz dasselbe ist wie die Behauptung, jemand verhält sich wie ein Tier).

Ungeziefer- oder Krankheits(erreger)metaphern finden sich immer wieder in politischen Diskussionen, konkret in Bezug auf Straftäter oder auch Personen, die ohne Gegenleistung staatliche Transferleistungen beziehen. So berechtigt politische Forderungen etwa nach einer Überarbeitung von sozialen Transfersystemen oder Eindämmung ihres Missbrauches sind, so deutlich muss auch die Grenze, welche das menschenrechtliche Prinzip für die Vertretung dieser Positionen einzieht, sichtbar bleiben: Menschen mit Parasiten gleichzusetzen, verletzt dieses Prinzip zweifelsfrei und kann zu nachhaltiger Verrohung nicht nur des politischen Diskurses, sondern einer ganzen Gesellschaft führen. Um dies deutlich zu machen genügt es, sich zu fragen, was man denn üblicherweise gegen Parasiten und Schadtiere unternimmt. Die Antwort ist leicht: Man vernichtet sie rücksichtslos.

Man muss, um die Bedeutung solcher Gleichsetzungen und die mit ihnen verbundenen Gefahren zu verstehen, nicht weit in der Geschichte zurückgehen. Es ist beispielsweise gut dokumentiert, wie der ruandische Radiosender RTLMC mit systematischen Gleichsetzungen von Tutsi-Angehörigen mit Schaben den Völkermord 1994 angeheizt hat. Allein für solches wurden führende Journalisten auch vom Internationalen Straftribunal für Ruanda zu jahrzehntelangen Haftstraften verurteilt.

Ideal – zwar nicht aus Sicht eines demokratischen Pluralismus, wohl aber der Rechtfertigungstheorie – wäre es, wenn politische Entscheidungen letztlich von Konsens getragen sind. Dass Betroffene einer Regelung (aufgeklärt) zustimmen, gibt ihr die höchst mögliche Legitimität, vorausgesetzt, dass man dem Grundsatz folgt, dass jemandem, der in etwas einwilligt, daraus kein Unrecht erwachsen kann.

Für die meisten politischen Entscheidungen ist Einmütigkeit jedoch illusorisch. Und dies muss selbst der leidenschaftlichste Befürworter deliberativer Konsensdemokratie zugestehen. Für politische Entscheidungen in einem demokratischen Kontext muss daher nach alternativen Rechtfertigungen dafür gesucht werden, warum sie bindend sind und manchmal auch zu etwas zwingen dürfen. Aus der Tatsache, dass *direkte* Zustimmung die »beste« Rechtfertigung ist, folgt ja nicht, dass sie auch die einzige Rechtfertigung ist.

In der Tat steht mit der demokratischen Rechtfertigung eine zweitbeste Rechtfertigung zur Verfügung: Sie kann als *indirekte* Zustimmung zu einem System der Entscheidungsfindung angesehen werden, die Stimmenmehrheiten bei gleichzeitigem Schutz von Stimmenminderheiten erlaubt, ihre Entscheidungen unter Verweis auf ihren Willen (auch: voluntaristisch) durchzusetzen. Entscheidend ist dabei, dass der zwingende Wille ein momentaner und kein ewiger ist, da auch der Wille der jetzt Unterliegenden eines Tages an dessen Stelle treten kann. So lautet das fundamentale Minderheitenrecht in jeder Demokratie: Dass die Minderheit (zu einem bestimmten Zeitpunkt) anstreben darf, zur Mehrheit (zu einem späteren Zeitpunkt) zu werden. Das bezeichnet jedoch nicht das Recht, tatsächlich zur Mehrheit zu *werden*, denn das bleibt dem demokratischen Spiel der Kräfte überlassen, sondern nur das Recht, solches zu *versuchen*. Die politische Anerkennung der Minorität, nicht allein die begriffliche Voraussetzung, unterscheidet die demokratische Herrschaft von jeder anderen.[42] Nur dann, wenn diese Bedingung gewahrt ist, kann von der demokratischen Opposition bzw. Minderheit Loyalität zur demokratischen Ordnung eingefordert werden. Wie Elias Canetti beschreibt:

»Der Gegner, der überstimmt wird, fügt sich keineswegs, sondern er gibt sich einfach geschlagen. Es fällt ihm leicht, sich geschlagen zu geben, denn es geschieht ihm nichts. Er wird auf keine Weise für seine frühere feindliche Haltung gestraft. Hätte er Angst, daß es ihm ans Leben geht, er würde ganz anders reagieren. Aber er rechnet mit künftigen Schlachten. Ihrer Zahl ist keine Grenze gesetzt; er wird in keiner getötet.«[43]

Welche Freiheiten lassen sich aus diesem fundamentalen Recht jeder Minorität ableiten, selbst zu versuchen, zur Mehrheit zu werden? Welche konkreten Einzel-Rechte benötigt eine demokratische Minderheit für dieses Bestreben? Es sind dies jene Rechte, die garantieren, dass frei für den eigenen Standpunkt geworben werden darf. Allen voran sind Meinungs-, Versammlungs- und Pressefreiheit sowie das Recht auf eine friedliche Machtübernahme im Falle eines politischen Sieges entsprechend den demokratischen Regeln zu nennen. Wie diesen Ansprüchen in der politischen Praxis im Einzelfall Genüge getan werden soll und inwiefern sie verletzt werden, ist selbst Gegenstand vielfältiger politischer Diskussionen um (Mittel-)Konflikte. Die Fragen, die sie aufwerfen, sind endlos: Welche Wettbewerb-Ungleichgewichte werden durch welche Förderungsformen politischer Gruppierungen bewirkt? Wie sollen staatliche Förderungen verteilt, wie private Zuwendungen (aus dem Ausland) reglementiert werden? Ist es mit dem demokratischen Minoritätenschutz vereinbar, wenn zu Fernsehdiskussionen nur Vertreter von Parlamentsparteien, nicht aber Vertreter außerparlamentarischer politischer Minderheiten geladen werden? Im welchem Verhältnis können oder sollen Medien über das Programm der starken und schwächeren Gruppierungen berichten oder deren Pressekonferenzen besuchen? Wie sind Einschränkungen von Ton- und Videoaufzeichnungen im Plenarsaal eines Parlaments einzuordnen (Polen)? Hat eine demokratische Opposition noch eine realistische Möglichkeit, zur Mehrheit zu werden, wenn jede Kritik am Repräsentanten der stärksten Gruppierung bestraft wird (Türkei)? Hat sie diese Möglichkeit, wenn alle anderen politischen Gruppierungen sie von der Zusammenarbeit auf unbestimmte Zukunft ausschließen?

Auch hinsichtlich der Machtübergabe der (vormaligen) Mehrheit an die (vormalige) Minderheit lassen sich diesbezügliche Reflexionen anschließen, insbesondere beim Umgang mit schmerzvollen politischen Niederlagen. Es ist dabei ein sehr schmaler Grat, auf dem diejenigen wandern, die einerseits ihr Missfallen über ein Wahlergebnis ausdrücken, dies aber andererseits auf dem Boden des demokratischen Prinzips tun wollen. Schmale Grade erfordern Präzision im Setzen jedes einzelnen Schrittes. Der Unterschied etwa zwischen gleichermaßen durch die Meinungsfreiheit gedeckten Demo-Slogans wie »Not my president« und »Hey, hey, ho, ho, Donald Trump has got to go« liegt dabei nicht allein in einem holprigen Reim. Oft, und auch dies konnte man an den Reaktionen auf die jüngste US-Wahl beobachten, werden Minderheitenrechte dann (besonders leichtfertig) in Frage gestellt, wenn dem politischen Kontrahenten die demokratische Gegnerschaft nicht wirklich abgenommen bzw. misstrauisch verweigert wird. Die Frage lautet dann: Was ist zu tun, wenn Zweifel am demokratischen Bekenntnis politischer Gruppierungen und damit am geteilten Rahmen agonistischer Konfliktaustragung bestehen?

3.4 An den Rändern der Gegnerschaft: Wann sollen politische Bewegungen verboten werden?

Für das Herrschaftsmodell der Demokratie stellt sich die Frage besonders nachdrücklich, wie sich ein demokratisches Gemeinwesen jenen gegenüber verhalten soll, die seine Überwindung propagieren. Während Angriffe auf das demokratische Prinzip, die mit undemokratischen Methoden, allen voran Gewalt erfolgen, von einer sogenannten wehrhaften Demokratie (*militant democracy*) ohne Selbstwiderspruch abgewehrt werden können (Abschn. 4), stehen sie bei ebensolchen Versuchen, die sich demokratischer Verfahren bedienen, vor einem *demokratischen Paradox*: Schließt das Prinzip der Volksherrschaft auch die Freiheit ein, es zugunsten anderer Herrschaftsformen auszuwechseln? Darf eine Demokratie sich selbst abschaffen?

Es bieten sich hier zwei grundsätzlich unterschiedliche Zugänge an. Der eine, man könnte ihn den Ansatz der *unbedingten* Volkssouveränität nennen, geht davon aus, dass das demokratische Prinzip aus sich selbst heraus keine Schranken für eine mögliche Selbstabschaffung kennen kann. Vom demokratischen Prinzip abzugehen, würde damit in der Dramatik der volkssouveränen Freiheit immer schon angelegt sein, und niemand könne die Mitglieder eines demokratisch verfassten Gemeinwesens davor schützen, außer sie selbst: »Eine Demokratie«, so Kelsen, »die sich gegen den Willen der Mehrheit zu behaupten [...] versucht, hat aufgehört, Demokratie zu sein«[44]. Kritik an der Demokratie im Rahmen der Demokratie gehört, wie Christoph Möllers betont, zu den »Zumutungen der Demokratie«[45]. Der Ansatz *bedingter* Volkssouveränität hingegen geht davon aus, dass der Freiheit der Menschen Grenzen gesetzt sind oder sein sollen, die in höheren, absoluten Werten ihre Verankerung haben. Oft wird in diesem Zusammenhang, auch im Deutschen Grundgesetz, die Würde des Menschen genannt. Kritiker bemerken hieran, dass ein solcher Zugang mit einem Wahrheitsbegriff operiert, der der relativistischen Ausrichtung der Demokratie – etwas gilt, weil es mehrheitlich *gewollt*, nicht weil es *richtig* ist – zuwiderlaufe. Daher sei das demokratische Paradox letztlich nur um den Preis eines *antidemokratischen Paradoxes* aufzulösen, nämlich insofern als »die Idee einer sicheren oder absolut risikofreien Demokratie das Paradox zu implizieren scheint, wonach eine demokratische Herrschaft auch denen aufgezwungen werden soll, die sich selbst nicht demokratisch regieren wollen«[46].

Müssen wir uns damit abfinden, dass Volkssouveränität niemals ernst genommen werden kann, ohne das Risiko einzugehen, sie aus sich selbst heraus wieder zu verlieren? Müssen wir, in den Worten Kelsens, unserer »Fahne treu bleiben, auch wenn das Schiff sinkt«[47]?

So einfach ist die Sache wiederum nicht, und zwar vor allem dann nicht, wenn man Volkssouveränität als solche sehr ernst nimmt. Der Grund hierfür liegt in der bereits thematisierten nichtstabilen Identität des *demos* (Abschn. 1). Selbst unter der Voraussetzung, dass ein demokratisches Gemeinwesen im Konsens beschließt, zu einer anderen Herrschaftsform zu wechseln, so könnte es doch niemals die Zustimmung der zukünftigen Generationen für diese Entscheidung vorwegnehmen und in seine Rechtfertigung einschließen. Ebenso wenig wie ein Volk in seiner Zusammensetzung zu einem bestimmten Zeitpunkt über Nachkommen dadurch bestimmen kann, dass es Demokratie mit Ewigkeitsklauseln in der Verfassung zu sichern versucht, kann es ein Volk in anderer Zusammensetzung zum einem späteren Zeitpunkt mit seiner Entscheidung, das demokratische Prinzip aufzugeben, dauerhaft binden. Wer ein Abgehen von Demokratie auf dem Prinzip der Souveränität des Volkes rechtfertigen möchte, müsste daher, ohne selbst in einen Widerspruch zu geraten, diese Entscheidung grundsätzlich immer revidierbar halten – und damit erst recht einen Widerspruch erzeugen. Man kann daher zugunsten eines bedingten Verständnisses der Souveränität des Volkes – und ohne dabei auf die Idee absoluter Werte angewiesen zu sein – dafür argumentieren, dass diese Souveränität immer auch die Souveränität eines zukünftigen Volkes einbeziehen muss. Entsprechend diesem Verständnis ist die Souveränität des Volkes nämlich immer schon größer als diejenige derer, die zu einem bestimmten Zeitpunkt in die Welt treten und auch wieder aus ihr verschwinden müssen.

Aus Sicht eines agonistischen Demokratieverständnisses ist es wichtig, solche Exklusionen nicht moralisch, sondern politisch zu begründen. Genau dies meint Chantal Mouffe, wenn sie über die Grenzen des demokratischen Pluralismus ausführt:

> »Bestimmte Forderungen werden nicht deshalb ausgeschlossen, weil sie für böse erklärt werden, sondern weil sie die für die demokratische Gemeinschaft konstitutiven Institutionen in Frage stellen.«[48]

Was bedeutet all dies nun für die politische Praxis und den Umgang mit politischen Zielkonflikten, die sich auf die Grundausrichtung eines politischen Gemeinwesens selbst beziehen? Die hier vorgeschlagene ›Lösung‹ des Demokratie-Paradox erlaubt es, politische Gruppierungen auch dann aus dem politischen Wettstreit auszuschließen, wenn sie die Überwindung der Demokratie mit demokratischen Mitteln anstreben, ohne – und das ist hier entscheidend – diesen Schritt durch vorgesehene wiederholte Entscheidungen revidierbar zu halten (dies setzt insbesondere die Wahrung von Minderheitenrechten voraus). Ab wann genau politische Gruppierungen das Band demokratischer Gegnerschaft auf solche Weise zerreißen, ist allerdings theoretisch kaum festzulegen. Das liegt nicht allein an komplexen Einzelfalllagen, der Travestie scheindemokratischer Bewegungen oder der eigennützigen Instrumentalisierung etwaigen Misstrauens durch politische Mitbewerber, sondern auch an der Notwendigkeit, sich einem weiteren Dilemma zu stellen: Schließt man irgendwelche Positionen voreilig aus, droht der Demokratie schwerer Schaden. Nicht anders aber verhält es sich, wenn man nicht entschlossen genug auf Gefährdungen des demokratischen Prinzips reagiert. In einem Fall riskieren wir die Gefährdung der Demokratie durch Stärkung ihrer Gegner, im anderen Fall ihre Gefährdung durch ungerechtfertigten Ausschluss, der rasch zu Gewalt führen könnte – da die Kategorie der Gegnerschaft durch jene der Feindschaft ersetzt wurde. Gegen Überreaktionen im zweiten Fall sprechen daher auch Klugheitsgründe.

Angesichts dieser heiklen, und für die Sicherung der Demokratie so entscheidenden Balance ist sorgfältige Meinungsbildung darüber, wer (noch) Gegner und wer (schon) Feind ist, von vorrangiger Bedeutung. Man muss sich über die Folge dieser Grenzziehung im Klaren sein und sollte sie nicht leichtfertig als Währung im Kampf um Aufmerksamkeit im öffentlichen Diskurs einsetzen. Wer über den US-Präsidenten sagt, er sei kein Demokrat, sondern ein Faschist, muss erklären, nach welchen Konsequenzen ein solches Urteil verlangt: Tyrannenmord? Revolution? Intervention von außen? Von den Rändern der politischen Gegnerschaft ist es nur ein winziger, doch entscheidender Schritt hin zur politischen Feindschaft. Hier stellt sich schließlich die Frage: Vorausgesetzt, dass wir politischen Gegnern im demokratischen Kontext die Achtung ihrer souveränen Gleichheit schulden, die sie mit uns teilen: Was schulden wir dann denjenigen, die kein solches Band mit uns verbindet?

4. Exkurs: Ethik der Feindschaft – Wie darf man Terroristen behandeln?

Das Ideal demokratischer Gegnerschaft ist – ein Ideal. Wir können nicht erwarten, alle politischen Konflikte im Zeichen zivilisierten Wettstreits auszutragen, so sehr wir uns selbst auch darum bemühen. Besonders drastisch vor Augen führen dies jene globalen rahmenden Zielkonflikte, die seit mehr als zwei Jahrzehnten zwischen westlichen Demokratien und ihren Verbündeten einerseits und extremistischen Gruppierungen unter dem Banner insbesondere des sunnitisch-wahhabitischen Islams ausgetragen werden. Der »Islamische Staat« (IS) ist die jüngste und im Vergleich zu einer Vielzahl konkurrierender Bewegungen diejenige Bewegung, der es – mit entsprechender Unterstützung von Förderstaaten – gelungen ist, sich als politische Ordnung auf einem bestimmten bevölkerten Territorium relativ lange zu behaupten. Auch war es ihm möglich, weltweit Außenstellen zu errichten, auf die er bei seinen Anschlägen zurückgreifen kann. Diese Terrororganisation verfolgt dabei keine isolierten politischen Ziele mehr, wie etwa den Abzug fremder Truppen aus bestimmten Gebieten der islamischen Welt oder den Rückzug einer Besatzungsmacht, sondern vertritt unverhohlen das Doppelziel globaler *Ausrottung* und *Unterwerfung* aller sogenannter Ungläubiger. Der Völkermord an religiösen Minderheiten wie den Jesiden, aber auch abweichenden Muslimen wie insbesondere der Shia bzw. Alawiten und den Ahmadiyya steht dabei im Einklang mit der von ihren Proponenten theologisch begründeten Vormachtstellung der »wahren

Religion«. Auf Basis einer entsprechenden Auslegung der Rechtsquellen des Islam wird monotheistischen Minderheiten wie den Christen vielleicht noch zugestanden, unter islamischer Herrschaft allerdings – als Bürger zweiter Klasse – leben zu dürfen. Alle (vermeintlichen) Nichtmonotheisten, Atheisten und alle moralisch in ihren Augen Verdorbenen hingegen müssen aus Sicht dieser Ideologie vom Antlitz der Erde getilgt werden.[49] Die Dimension dieser terroristischen Gefahr, die weniger in ihren Methoden, als vielmehr in ihren Zielen liegt, nämlich letztlich in der Ausrottung wahrscheinlich der Hälfte der Menschheit, wird dabei verkannt, wenn man nicht zwischen taktischen (den Einzelfall betreffenden) und strategischen (die Gesamtausrichtung betreffende) Zielen unterscheidet. Solche Vermengungen scheinen in Äußerungen durch, der »Islamische Staat« wolle uns spalten, wolle, dass wir unsere Freiheiten aufgeben, dass wir nicht mehr mobil sind, dass wir uns fürchten usw. Die Wahrheit ist viel einfacher: Der »Islamische Staat« (und andere Gruppen dieses Kalibers) wollen Menschen je nach ihrer Lebensführung und religiösem Bekenntnis unterjochen oder ausrotten.

Ist angesichts solcher Barbarei das Ideal zivilisierter Feindschaft noch aufrechtzuerhalten? Die Meinungen gehen auseinander: Manche wollen den Kampf gegen solche Bewegungen allein nach dem Grundsatz der Reziprozität austragen, d. h. auf keine Methoden verzichten, die nicht auch die andere Seite selbst anwendet (»fight fire with fire«). Andere wiederum plädieren dafür, eine Haltung »zivilisierter Verachtung« an den Tag zu legen.[50] Reziprozität war lange Zeit das leitende, wenn auch oft inoffizielle Prinzip des weltweiten »Krieges gegen den Terror«. Dabei schreckten auch westliche Staaten lange nicht davor zurück, mit Diktaturen polizeilich und geheimdienstlich zu kooperieren, Folter einzusetzen, Personen verschwinden zu lassen und außergerichtliche Hinrichtungen durchzuführen. In der akademischen Debatte spiegelt die Diskussion um ein für Terroristen gesondert zugeschnittenes »Feindstrafrecht«, das vom »Bürgerstrafrecht« unterschieden wird, die Bedeutung des Reziprozitätskonzepts.[51] Die Frage lautet also: Wieso soll ein liberaler Rechtsstaat seine Vorzüge auch jenen gewähren, die ihn rundweg ablehnen? Wieso sollen Menschenrechte auch für jene gelten, die sie auf das Gröbste missachten?

Das Dilemma der Wechselseitigkeit gestaltet sich dabei wie folgt: Prinzipiell kann dieses Konzept Exzesse verhindern: das alttestamentarische »Auge um Auge« bedeutet eben gerade nicht, »ein Auge für zwei Augen« zu nehmen. Was aber, wenn das, auf was wir reagieren möchten, bereits selbst einen Exzess darstellt? Wer Völkermörder mit Völkermord, Folterer mit Folter und Kriegsverbrecher mit Kriegsverbrechen bekämpfen will, gleicht sich letztlich bis zur Unkenntlichkeit an seine Feinde an und nivelliert exakt jenen Unterschied zwischen sich und ihnen, der doch den Kern des politischen Konfliktes ausmacht. Reziprozität kann außerdem nur dann ein Maßstab des Handelns sein, wenn davon ausgegangen wird, dass wir zwar Pflichten gegenüber unseren Feinden, wie den Verzicht auf Exzess, haben, nicht aber auch gegenüber uns selbst. Die Frage von Pflichten gegenüber uns selbst verdient in diesem Zusammenhang stärkere Beachtung. Aus der Feindschaft zu den Mördern des »IS«, d. h. unserer bewussten *existenziellen Distanz*, die wir zu ihnen einnehmen und die nicht allein eine Reaktion auf die Bedrohung unseres eigenen Lebens, sondern ein Bekenntnis zu jenen Wertgrundsätzen ist, die diese Menschen negieren, kann man eine Aufforderung ableiten, niemals so zu werden wie sie. In diesem Sinne sollte uns die Idee der Menschenrechte (Abschn. 1) dazu führen, auch in den schrecklichsten Verbrechern noch jene Spur des geteilten Menschseins zu sehen, die uns davon abhält, sie nach bloßer Willkür und ohne jede Rücksicht zu behandeln, und zwar auch als unsere Feinde nicht. Das bedeutet nicht, ihnen in allem gleiche Rechte zuzugestehen, wenn wir glauben, gute Gründe zu haben, dies zu verweigern. Was gute Gründe sind, bleibt eine politisch offenzuhaltende Frage. Soll etwa IS-Kämpfern aus Europa, die ihre Pässe meist schon demonstrativ verbrannt haben, offiziell die Staatsbürgerschaft entzogen werden? Auch dann, wenn der Anspruch auf die Zugehörigkeit zu einem politischen Gemeinwesen als eines der grundlegendsten Menschenrechte überhaupt gedacht werden kann? Ähnlich schwer zu beantworten ist die Frage, ob es beispielsweise niemals, auch nicht unter »fürsorglichen« und kontrollierten Bedingungen, gerechtfertigt sein kann, Terroristen zu foltern. Ein ähnlich schwieriges Problem dreht sich darum, ob (reguläre) Freiheitsstrafen für Terroristen angemessen sind, angesichts der ideologischen »Infektionsgefahr« in Haftanstalten. Die Grenze, die eine am Menschenrechtsgedanken orientierte Ethik der Feindschaft zieht, verläuft nicht schon dort, wo noch mit Gründen und Gegengründen darum gerungen wird, wie wir mit einem Mensch umgehen sollen, der terroristischer Verbrechen beschuldigt oder wegen ihnen verurteilt wird. Sie wird aber dort überschritten, wo Vorstellungen die Diskussion zu prägen beginnen, dass es sich bei diesen Personen um gar keine ›echten‹ Menschen mehr handle.

Diesem Denken vorzubeugen, ist auch der Anspruch, den Carlo Stengers erwähntes Konzept zivilisierter Verachtung verfolgt. Er definiert diese als »die Fähigkeit, zu verachten, ohne zu hassen oder zu dehumanisieren«[52]. Zivilisiert ist diese Verachtung unter zwei Bedingungen: Es muss dem Prinzip der verantwortlichen Meinungsbildung entsprochen werden. Und es muss sich »gegen Meinungen, Glaubensinhalte oder Werte richten und nicht gegen die Menschen, die sie vertreten«[53]. Doch ist das leichter gesagt als getan: Es drängt sich der Eindruck auf, dass diese Scheidung im Falle ideologischer Schwerverbrecher am Ende bloß eine künstliche ist. Wenn Menschen über ihre Taten und Ideologien definiert werden und sich auch selbst über diese definieren, erscheint eine solche Trennung zwischen Menschen und ihren Überzeugungen kaum sinnvoll anwendbar. So mag der Diebstahl nur ein kleiner Aspekt des Lebens eines Taschendiebes sein, aber im Falle des Sklavenhändlers, Kopfabschneiders, Folterers, Attentäters des »IS« erschöpft sich möglicherweise seine gesamte Person und Persönlichkeit in ihren selbstgesetzten Zielen. Den »IS«-Terroristen vom »IS«-Terror zu trennen, scheint unmöglich, schließlich weiht er sein ganzes Leben und selbst seinen Tod dieser Sache. Man sollte das Konzept der zivilisierten Verachtung also vielmehr lieber so verstehen, dass sich die Verachtung natürlich auch gegen Menschen richten darf. Wer etwa scheinbar ohne Gewissensbisse Mädchen als Sklavinnen ersteigert, Kriegsgefangene in Käfige sperrt und lebendig verbrennen lässt oder Schulen samt Schülern und Lehrpersonen in Brand setzt, darf verachtet werden.

Entscheidend ist jedoch, diese Verachtung durch bewusste Reflexion wieder einzufangen und nicht über eine bestimmte Schwelle wachsen zu lassen, ab welcher der Täter solcher und ähnlicher Verbrechen überhaupt nicht mehr als Mensch erscheint und uns gar keine Pflichten mehr ihm gegenüber in einem geteilten Menschsein verbinden. So kann man durchaus die Meinung vertreten, dass es sich bei solchen Personen um eine Schande für die Menschheit handelt. Oder sich wünschen, sie würden – in diesem oder, wenn man daran glaubt, auch einem nächsten Leben – Strafe anstatt Barmherzigkeit erfahren. Unser Denken und Fühlen sollte aber immer von korrigierenden Vorstellungen und bewussten Interventionen kontrolliert werden, die einen Exzess der Verachtung verhindern. Dazu ist es hilfreich, sich immer wieder klarzumachen, dass unser Objekt der Verachtung, ja unseres Hasses, selbst immer auch ein Subjekt ist: kein Ding, das man bedenkenlos zerstören darf. Es sind keine Dämonen, sondern Personen, die man in die Schranken weisen und zum Schutz anderer mit den effektivsten *und* gelindesten Mitteln unschädlich machen muss. Grenzen zur Dehumanisierung lassen sich auch dadurch bewusst ziehen, indem wir uns vorstellen, dass auch dieser bestimmte Schwerverbrecher Eltern hat(te), die sich wohl ein ganz anderes Leben für ihn ersehnt haben; dass er, würde ihm die Möglichkeit gegeben, vielleicht doch noch umkehren könnte; dass er mitunter von anderen, die ihm viel bedeuten, indoktriniert worden ist und vielleicht innerlich doch Zweifel hegt. Kurz: Ob Verachtung zivilisiert ist oder unzivilisiert, entscheidet sich nicht daran, worauf sie sich richtet – den Menschen oder seine Überzeugungen oder Taten –, sondern daran, ob sie in der stärksten

Empörung, im heftigsten moralischen Ekel noch Raum dafür lässt, den schlimmsten Verbrecher als *Menschen* zu sehen. Dazu ermahnte Kant, wenn er sich für die Sichtweise stark machte, auch im unheiligsten Verbrecher noch die »Menschheit in seiner Person«[54] zu sehen. Eine solcherart zivilisierte Feindschaft ist ein anspruchsvolles, keineswegs banales Konzept. Es benötigt, da hat Stenger zweifelsohne Recht, »hartes Training«[55].

5. Ausblick

Die Austragung von politischen Meinungsunterschieden gehört wesentlich zum demokratischen Prinzip. Es stellt als solches einen Rahmen bereit, diese Austragung in zivilisierter Form zu leben. In Zeiten, in denen immer mehr Menschen davon berichten, »die andere Seite« nicht mehr verstehen zu können, und in denen zunehmend Unsicherheit darüber besteht, wie wir unserer Meinung Ausdruck verleihen sollen oder können, sind ethische Reflexionen über das, was sich souveräne Gleiche schulden, unerlässlich. Die vorgeschlagenen Prinzipien sind dabei natürlich lediglich allgemeine Orientierungen, die stets der konkreten Kontextualisierung und auch öffentlichen Diskussion bedürfen. Nur wenn wir ihre Bedeutung für uns selbst erschließen und ebenso wenig als gegeben ansehen, wie das demokratische Prinzip selbst, werden wir diese Prinzipien auch denen gegenüber vertreten können, die in der freien demokratischen Selbstgesetzgebung wahlweise einen historischen Irrtum, einen Sündenfall oder menschliche Hybris erblicken. Und erst, wenn wir uns bewusst machen, dass die Qualität von demokratisch verfassten Gemeinwesen nicht davon abhängt, in welchem Ausmaß sie Einmütigkeit zu erreichen imstande sind, sondern höchstens auf welchem Wege Kompromisse erzielt werden, werden wir begreifen, warum eine Demokratie, in der nicht gestritten wird, gar keine, und eine Demokratie, in der nicht zivilisiert gestritten wird, zutiefst gefährdet ist.

Die Herausforderungen sind vielfältig und keineswegs gering, aber sie sind untrennbar mit dem Experiment Demokratie, über dessen (Miss-)Erfolg erst kommende Generationen entscheiden werden, selbst verbunden. Das Ideal zivilisierter Gegnerschaft ist eine Haltung, die jeder Einzelne einnehmen und einüben kann. Wir haben es in der Hand, und zwar jeder von uns, den Ausschlag zu geben: indem wir das Gespräch auch über politische Gräben hinweg suchen – oder jeden Andersdenkenden zum Feindbild erheben; indem wir sensibel sind für Entfremdungsprozesse politischer Gruppierungen und diesen Prozessen durch die Aufrechterhaltung eines offenen Diskurses entgegenwirken – oder Teil dieser Prozesse zu werden, indem wir Diskussionen verweigern und Diskussionsbeiträge durch Gesprächsabbruch sanktionieren; indem wir Dämonisierungen kritisch befragen – oder solche strategisch zum eigenen Vorteil einsetzen; indem wir uns selbst als fehlbar verstehen und ebenso alle anderen – oder absolute Wahrheitsansprüche voraussetzen; indem wir freundschaftlichen Dissens wertschätzen – oder ihn zum Brennglas der eigenen Unsicherheit und Eitelkeiten werden lassen. Und wir haben es auch in der Hand, ob wir die Nachteile der Demokratie, die allzu leicht ins Auge springen, über ihre Vorzüge stellen, die sich bekanntlich erst auf lange Sicht zeigen.

Anmerkungen

1 Vgl. das Projekt von Psychologen der New York University und der University of Illinois, »Civil Politics – Educating the Public on Evidence-Based Methods For Improving Inter-Group Civility«, online verfügbar unter http://www.civilpolitics.org (Zugriff am 13. 11. 2016).

2 Zu erwarten, dass Volkes Stimme nur eine sei, d h. im Sinne eines einheitlichen, idealen und nicht etwa empirischen Volkswillens, ist der erste Schritt hin zu einer »totalitären Demokratie« (vgl. Jacob L. Talmon, *The Origins of Totalitarian Democracy*, London 1952 und 1960).

3 Vgl. Hannah Arendt, *Elemente und Ursprünge totaler Herrschaft*, München 2005, S. 559 ff.

4 Vgl. John Rawls, *Eine Theorie der Gerechtigkeit*, Berlin 1979, S. 159 ff.

5 Ebd., S. 174.

6 Jürgen Habermas, *Faktizität und Geltung*, Frankfurt a. M. 1998, S. 138.

7 Jürgen Habermas, *Im Sog der Technokratie. Kleine Politische Schriften XII*, Frankfurt a. M. 2013, S. 69.

8 Christoph Möllers, *Demokratie – Zumutungen und Versprechen*, Berlin 2008, S. 44.

9 Chantal Mouffe, *Über das Politische. Wider die kosmopolitische Illusion*, Frankfurt a. M. 2007, S. 8.

10 Ebd., S. 9.

11 Chantal Mouffe, *Agonistik. Die Welt politisch denken*, Berlin 2014, S. 39.

12 Mouffe, *Über das Politische*, (s. Anm. 9), S. 12.

13 Mouffe: *Agonistik*, (s. Anm. 11), S. 29.

14 Schmitt unterscheidet zwischen »wirklicher« und »absoluter« Feindschaft. Die Welt der absoluten Feindschaft beschreibt er als eine, »in der sich die Parteien [...] gegenseitig in den Abgrund der totalen Entwertung hineinstoßen, bevor sie sich physisch vernichten« (Carl Schmitt, *Theorie des Partisanen*, Berlin 1963, S. 95). Mouffe bezieht sich freilich nur bis zu einem gewissen

Punkt auf diesen in vielen Hinsichten nicht unproblematischen Theoretiker und setzt sich von ihm ab, wenn er demokratischen Pluralismus ablehnt. Mouffe nennt dies: »mit Schmitt gegen Schmitt« zu denken (Mouffe, *Über das Politische*, s. Anm. 9, S. 22, 28).

15 Mouffe: *Über das Politische*, (s. Anm. 9), S. 158.

16 Ebd., S. 94.

17 Vgl. dazu auch Emanuela Ceva, *Interactive Justice. A Proceduralist Approach to Value Conflicts in Politics*, New York 2016.

18 Vgl. Jonathan Haidth, *The Righteous Mind. Why Good People Are Divided by Politics and Religion*, New York 2012, insbes. S. 322 ff.

19 Hans Kelsen, »Verteidigung der Demokratie«, in: *Abhandlungen zur Demokratietheorie*, hrsg. von Matthias Jestaedt und Oliver Lepsius, Tübingen 2006, S. 229–237, hier S. 235.

20 Carlo Stenger, *Zivilisierte Verachtung. Eine Anleitung zur Verteidigung unserer Freiheit*, Berlin 2015, S. 66.

21 Vgl. Immanuel Kant, »Beantwortung der Frage: Was ist Aufklärung«, in: I. K., *Denken wagen. Wege aus der selbstverschuldeten Unmündigkeit*, Stuttgart 2017, S. 7–16, hier S. 7.

22 Paul Sailer-Wlasits, *Minimale Moral. Streitschrift zu Politik, Gesellschaft und Sprache*, Wien 2016, S. 22.

23 Ebd.

24 John B. Judis, *The Populist Explosion. How the Great Recession Transformed American and European Politics*, New York 2016, S. 14 (Übers. d. Verf.).

25 Vgl. Jan-Werner Müller, *Was ist Populismus?*, Berlin 2016, S. 42 f.

26 Lorenz Langer, »Man muss die Spannung aushalten«, online verfügbar unter http://www.nzz.ch/meinung/kommentare/populismus-man-muss-die-spannung-aushalten-ld.115529 (Zugriff am 20. 11. 2016).

27 Ceva, *Interactive Justice*, (s. Anm. 17), S. 112 ff.

28 Jonathan Haidt / Ravi Iyer, »How to Get Beyond Our Tribal Politics«, online verfügbar unter: http://www.wsj.com/articles/how-to-get-beyond-our-tribal-politics-1478271810?mod=e2fb (Zugriff am 11. 11. 2016).

29 Müller, *Was ist Populismus?*, (s. Anm. 25), S. 20.
30 Vgl. Geoffrey Hughes, *Political Correctness. A History of Semantics and Culture*, Chichester 2010.
31 Vgl. Stenger, *Zivilisierte Verachtung*, (s. Anm. 20), S. 18.
32 Siehe dazu insbes. Timothy Garton Ash, *Free Speech Ten Principles for a Connected World*, London 2016; James Weinstein, »Extreme Speech, Public Order, and Democracy. Lessons from The Masses«, in: *Extreme Speech and Democracy*, hrsg. von Ivan Hare / James Weinstein, Oxford 2009, S. 23–61.
33 Hans Kelsen, »Vom Wesen und Wert der Demokratie«, in: *Abhandlungen zur Demokratietheorie*, hrsg. von Matthias Jestaedt und Oliver Lepsius, Tübingen 2006, S. 1–33, hier S. 31.
34 Haidt/Iyer, »How to Get Beyond Our Tribal Politics«, (s. Anm. 28), (Übers. d. Verf.).
35 Alexander Brown, *Hate Speech Laws. A Philosophical Examination*, New York 2015, S. 195.
36 Ein Beispiel dafür bietet Thoreau, der aufgrund seiner Ablehnung der Sklaverei sowie des US-Mexikanischen Krieges erklärte: »Ich will schlicht und einfach dem Staat meine Loyalität verweigern, Abstand zu ihm halten und mich mit Wirkung [effectually] von ihm distanzieren« (Henry David Thoreau, *Ziviler Ungehorsam*, übers. von Ulrich Bossier, Stuttgart 2013, S. 47).
37 Ebd., S. 25.
38 John Rawls, »The Justification of Civil Disobedience«, in: *Revolution and he Rule of Law*, hrsg. von Edward Kent, Englewood Cliffs 1971, S. 30–45.
39 Ebd., S. 37 (Übers. d. Verf.).
40 Möllers, *Demokratie – Zumutungen und Versprechen*, (s. Anm. 8), S. 80.
41 Ebd., S. 25.
42 Kelsen, *Verteidigung der Demokratie*, (s. Anm. 19), S. 31
43 Elias Canetti, *Masse und Macht*, Frankfurt a. M. 20016, S. 221.
44 Kelsen, *Verteidigung der Demokratie*, (s. Anm. 19), S. 237.
45 Möllers, *Demokratie – Zumutungen und Versprechen*, (s. Anm. 8), S. 111 f.
46 Carlo Invernizzi Accetti, *Democracy and Relativity: Why Democ-*

racy Does Not Need Moral Absolutes, New York 2015, S. 164 (Übers. d. Verf.)

47 Kelsen, *Verteidigung der Demokratie*, (s. Anm. 19), S. 237.

48 Mouffe, *Über das Politische*, (s. Anm. 9), S. 158.

49 Die Ziele und theologischen Positionen des IS erklärt seine Medienabteilung ausführlich und bereitwillig insbes. in seinem Magazin *Dabbiq*.

50 Vgl. Stenger, *Zivilisierte Verachtung*, (s. Anm. 20), passim.

51 Vgl. Günter Jakobs, »Terroristen als Personen im Recht?«, in: Zeitschrift für die Gesamte Strafrechtswissenschaft 117 (2006), S. 839–851.

52 Stenger, *Zivilisierte Verachtung*, (s. Anm. 20), S. 21.

53 Ebd.

54 »Der Mensch ist zwar unheilig genug, aber die *Menschheit* in seiner Person muß ihm heilig sein« (Immanuel Kant, *Kritik der Praktischen Vernunft*, Stuttgart 2013, S. 130).

55 Stenger, *Zivilisierte Verachtung*, (s. Anm. 20), S. 22.